Dr. Michael Stuller
Komm runter

www.edition-a.at

Cover: Bastian Welzer
Satz: Anna-Mariya Rakhmankina

In dem vorliegenden Buch wird aus Gründen der besseren Lesbarkeit und Übersichtlichkeit auf gegenderte Formulierungen verzichtet. Selbstverständlich sind immer die weibliche und männliche Form gemeint. Sämtliche Fallbeispiele wurden abgeändert.

Gesetzt in der Premiera
Gedruckt in Europa

1 2 3 4 5 — 26 25 24 23

ISBN: 978-3-99001-668-8

DR. MICHAEL STULLER

KOMM RUNTER

Ruhe lernen

Aufgezeichnet von
Andrea Fehringer & Thomas Köpf

edition a

An diesem Tag in der Küche dachte ich, den ruf ich jetzt einfach an.

Zwei Minuten später sagte ich: »Michael Stuller. Bleiburg, ich würde gern bei euch vorbeikommen. Weil mir taugt das, was ihr da macht.«

Und Gotthard Rieger sagte: »Dann kommst halt nach Wien.«

Ich war noch siebzehn, als ich damals in den Zug stieg. Ich schwänzte die Schule, kam bei einer Tante unter und verbrachte ein paar Tage damit, Gotthard Rieger im Ö3-Studio über die Schulter zu schauen. Es war genauso, wie ich es mir vorgestellt hatte, und ich hatte recht gehabt, irgendwann, Jahre später, plapperte dann auch ich da heraus.

Ich hatte etwas visualisiert. Und damit meine ich nicht, dass es allein deswegen schon eingetreten wäre, wie man in vielen Coaching-Büchern liest, wenn von Manifestieren die Rede ist. Ich meine einfach, dass ich genau vor Augen hatte, wie das sein würde, wenn ich wie Gotthard Rieger im Ö3-Studio vor einem Mikrofon stehe. Dieses Bild hatte ich mit, wo immer ich hinging, und auf das Gefühl, das es auslöste, habe ich mich verlassen. Bis es tatsächlich so weit war und ich beim Radio arbeitete.

Sechzehn Jahre lang war ich Radioreporter, den Großteil davon bei Ö3, wo ich eine Zeit lang tatsächlich die erste Schicht des Weckers moderierte, die Primetime hatte der Gotthard über. Für alle, die sich vielleicht noch an die

Comedy-Figur des Ö3-Bürgermeisters erinnern können: Auch das war ich. Für alle, die sich nicht erinnern können: Ö3 hat in den Neunzigern damit begonnen, eine ziemlich zugkräftige Comedy-Abteilung aufzubauen. Tom Walek, der *Mikromann*, oder Gernot Kulis, der *Callboy*, stammen aus dieser Riege, füllen heute Kabaretts und verkaufen eine Menge CDs. Der oberg'scheite Bürgermeister war ich.

Ich war also längst noch kein Psychiater, kein Psychotherapeut, kein Ruhe-Experte, als ich entdeckte, dass ich ein paar der wichtigsten Methoden für die innere Ruhe in mir trug, sie instinktiv anwandte und damit Erfolg hatte: das Visualisieren und das Vertrauen. Dabei war ich nicht einmal ein besonders ruhiger Mensch, im Gegenteil. In Kärnten, wo ich herkomme, nennt man so was Heißläufer. Ich war ein Heißläufer des oberen Quecksilber-Drittels, mich hat so gut wie alles auf die Palme gebracht, und das ausgesprochen schnell.

Interessant, könnten Sie jetzt sagen und sich fragen, warum Sie ausgerechnet von mir etwas über die innere Ruhe lesen sollten.

Darauf habe ich Antworten aus mehreren Perspektiven. Einer persönlichen, einer fachlichen und einer empirischen, die aus den ersten beiden Positionen gespeist wird. Persönlich, fachlich und empirisch weiß ich: Wer Ruhe verinnerlichen will, muss Unruhe in sich haben, denn nur dann fehlt sie ihm, und er kann sich auf die Suche nach ihr machen. Wer Ruhe verstehen und lernen will, muss sie wahrnehmen können, denn nur dann kann er ihr auf den Grund gehen. Wer also Ruhe vermitteln will, muss Erfahrung mit Unruhe haben. Und auf dem Gebiet findet sich kaum jemand, der versierter ist als ich. Weil ich selbst als der junge Heißläufer, der ich war, bei ein paar wenigen, aber entscheidenden Punkten trotzdem in mir ruhte. Und weil ich später als Psychiater herausfand, warum.

Sich einer Sache sicher sein, darauf vertrauen, dass es der richtige Weg ist, und danach handeln. Darum geht es. Und ich, der Unruhegeist, der sonst so gar kein Talent fürs Ruhige hatte, war in den wichtigen Entscheidungen meines Lebens die Ruhe selbst. Ich war meiner Sache ganz sicher, vertraute darauf und handelte danach.

Meiner Arbeit bei Ö3 war ich mir sicher, lange bevor ich sie antrat. Ich fühlte eine tiefe Ruhe in mir, dass ich dieses Ziel erreichen würde. Es war kein überlegtes und schon gar kein ausformuliertes Ziel. Es war ein Wollen. Stark, klar, unumgänglich. Ich will zum Radio. Dieses Wollen hatte ich visualisiert. Das dazugehörige Bild, wie ich im Studio stehe und den Hörerinnen und Hörern mitteile, was mir mitteilungswürdig erscheint, war in mir gespeichert, als hätte ich es schon erlebt. Das dazugehörige Gefühl, wie großartig es sein würde, mit meiner Stimme durch den Äther in die Ohren so vieler Menschen zu dringen, war so verankert, dass ich es jederzeit aufrufen konnte. Ich hatte Ö3 verinnerlicht. Ich werde im Radio arbeiten, das war sicherer als 99,9, die Frequenz von Ö3.

Deshalb grübelte ich auch nicht herum, wie ich es denn anstellen würde, an mein Ziel zu kommen. War auch nicht nötig, weil ja kein Zweifel daran bestand. Ich sah es vor mir. Ich vertraute darauf. Das *Ob* war keine Frage. Das *Wie* würde sich schon ergeben. Ich musste mich nur auf den Weg machen. Und so war es.

Genauso beim Studium. Auch das war kein Ziel, das ich rational penibel verfolgte. Auch das war ein Wollen. Stark, eindeutig, unverhandelbar. Ich will Menschen helfen. Ich will Arzt werden. Nach all den Jahren bei Ö3 entschloss ich mich, Medizin zu studieren. Ich war Journalist und Comedy-Autor in einer der größten Radioshows Europas, war mit der Formel 1 unterwegs, bin mit einem Kampfflieger über Österreich geflogen und habe mir die Welt angesehen. Und jetzt war es Zeit für den nächsten Schritt.

Warum, fragten mich alle entgeistert, warum willst du dich jetzt in den Hörsaal eines überfüllten Studienganges setzen? Mit 28 willst du mit einem der schwierigsten und langwierigsten Studien beginnen? Aus der Sicherheit dieses Jobs, den dir alle neidig sind, willst du aussteigen? Als Comedy-Bürgermeister hast du es lustig, als Reporter spannend, du wirst weder gemobbt noch übersehen, weder unterschätzt noch überfordert, und du verdienst gutes Geld. Das alles willst du aufgeben und dir dafür allen Ernstes auch noch einen Kredit aufnehmen?

Ja, das wollte ich. Und dann noch einmal als Arzt. Wieder so ein gewolltes Ziel. Stark, sicher, unzweifelhaft. Wie-

Es besteht ein Unterschied zwischen dem Bemühen, sich zu beruhigen, und der inneren Ruhe. Sie ist ein scheues Gut. Je mehr man ihr nachläuft, desto weiter entfernt man sich von ihr. Sich um sie zu bemühen, hat genau den umgekehrten Effekt, weil das Bemühen an sich schon wieder Unruhe ist. »Glücklich leben, mein Bruder Gallio, wollen alle«, schrieb schon Seneca, ein Vertreter des Stoizismus, dem wir noch öfter begegnen werden, in seiner Schrift *De vita beata, Vom glücklichen Leben,* »aber wenn es darum geht, zu durchschauen, was es ist, das ein glückliches Leben bewirkt, dann ist ihr Blick getrübt; und so schwer ist es, ein glückliches Leben zu erreichen, dass jeder sich umso weiter von ihm entfernt, je hastiger er zu ihm hineilt – wenn er sich im Weg geirrt hat.«

Bemühen Sie sich nicht um die Ruhe, entscheiden Sie sich dafür. Und halten Sie diese Entscheidung dann am Leben. Jeden Tag aufs Neue.

Das ist mein Rat, den ich jedem, der ihn annehmen will, in diesem Buch geben will. Zweihundert Seiten, um eine Entscheidung zu treffen, denken Sie jetzt vielleicht, dann kann sie nicht ganz so einfach sein, wie er tut. Und auf eine Art haben Sie damit auch recht.

Es klingt so einfach: Entscheide dich. Und wenn man es geschafft hat, war es das auch. Es war einfach, wie alles, was uns in Fleisch und Blut übergegangen ist. Wenn man sie in sich fühlt, die innere Ruhe, sie als Teil von sich selbst wahrnimmt, fragt man sich, warum man so lange dafür gebraucht hat, sie sich anzueignen. Und wo man auf dem Weg zur Entscheidung so viel Zeit verplempert hat.

Entscheidung. Das klingt nach einem Moment. Okay, gut, beschlossen, bitte sehr, mach ich. Wie schwierig diese einfache, aber immer wiederkehrende Entscheidung ist, füllt tatsächlich die Seiten dieses Buches. Es ist ja nicht so, dass ich vor alle anderen Heißläufer dieser Erde hintreten und ihnen sagen kann: Wisst ihr was, liebe Rastlosen und Choleriker, seids einfach ab jetzt innerlich ein bisserl ruhiger.

Sich wirklich, tief im Inneren für etwas zu entscheiden, ist eine der schwierigsten Aufgaben im Leben. Und ich meine jetzt nicht so große Lebensentscheidungen, wie ich sie getroffen habe. Auf die Größe kommt es auch bei Entscheidungen oft gar nicht an. Manchmal gelingt es uns schon nicht, in der Früh den roten statt den blauen Pullover anzuziehen oder beim Italiener lieber Pasta als Fisch zu bestellen. Oder vielleicht doch umgekehrt? Naja, mit dieser Wahl werde ich Sie auch weiterhin allein lassen.

Die Entscheidung für die innere Ruhe, von der ich rede, trifft man eine Etage drüber, im Innenflügel des eigenen Ichs. Und es wohnt ihr eine ernsthafte Endgültigkeit inne. Nicht bloß ein Will-haben, sondern ein starkes Wollen. Ein Sehnen. Bloß ein feiner Unterschied, denkt man vielleicht. Aber von fein kann keine Rede sein. Der Unterschied ist immens.

Etwas haben zu wollen ist etwas Schnelles, Flüchtiges. Dutzende Male am Tag dahingesagt, gleich darauf auch wieder vergessen. Ich will einen Burger, eine ehrliche Antwort, den Weltfrieden. Eine schöne Vorstellung, einen Euro in die Wunschbox, danke. Aber selbst wenn wir bekommen, was wir da gerade wollen, sind wir innerlich nicht ruhiger. Im Gegenteil. Meistens wollen wir umgehend das Nächste. In meiner Biografie war das Wollen immer ein Sehnen. Etwas, das man ersehnt, hat eine andere Halbwertszeit. Es ist was fürs Leben.

Deshalb ist innere Ruhe auch kein Zustand, sondern eben ein Prozess. Ein exklusiver Wunsch. Etwas, das anhält, wenn man es nährt und pflegt. Lebensruhe. Und genau das macht sie für uns so widerspenstig. Seltsam, nicht? Dass sich akkurat das Ruhigste, was wir als Menschen erreichen können, so wendig unserem Zugriff entzieht. Ausgerechnet in unserer Zeit des schnellen Vorlaufs, in der wir sie am meisten brauchen, ist sie am wenigsten greifbar. Die Geschwindigkeit, in und mit der wir leben, erscheint wie der größte Fressfeind der inneren Ruhe. Kaum versuchen wir, sie dem Tempo in den Weg zu schieben, schnapp, schon wird sie zurückgebissen. So kommt es uns zumindest vor.

Ich kann Sie beruhigen. Die innere Ruhe lässt sich gar nicht wegbeißen. Sie lässt sich nicht verschieben, nicht verdrängen, nicht verwandeln. Sie ist da und wartet, bis wir für sie bereit sind. Dort, wo sie wohnt, bleibt sie auch. Und dort kommt das Tempo gar nicht hin. Es rauscht draußen vorbei, während sie gelassen in der inneren Burg sitzt, dem Reich, in dem sie herrscht.

Innen und außen, das sind aus der Perspektive der Ruhe gesehen zwei Welten. Zwei Welten mit komplett unterschiedlicher Wetterlage. In der einen ist es gemütlich warm, in der anderen empfindlich kalt. Innen das wärmende Gefühl der Sicherheit, das Vertrauen, die Geborgenheit. Außen die frostigen Stimmen des Zweifels, die Macht der Überforderung, die Möglichkeit der Scham.

Wenn innen alles stimmig ist, zweifelt man nicht, man ist nicht überfordert und man schämt sich nicht für sich. Ich weiß das, ich bin in meiner inneren Burg gesessen, als mich alle vom Medizinstudium und von der Ausbildung zum Psychotherapeuten abhalten wollten, und hab mir die Hände an den offenen Burgfeuern gewärmt. Hätte ich auf die Stimmen im Außen gehört, hätte mich die Unentschlossenheit gelähmt und ich hätte keinen Fuß in eine Uni gesetzt. Es klang ja nicht unplausibel, was mir die anderen sagten, und die Stimmen hallten in mir nach: Du hast dir etwas erarbeitet, das wirst du doch nicht aufgeben. Du bist Ende zwanzig, da wirst du doch nicht von vorn anfangen. Du kriegst jeden Monat dein Geld, das wirst du doch nicht gegen einen Kredit eintauschen, bei dem du jeden Monat zahlst für eine Zukunft, die sich vielleicht nicht auszahlt. In Wahrheit sagten sie es etwas simpler: Sei uns nicht bös, Michi, aber bist du eigentlich komplett deppert, wenn du von Ö3 weggehen willst?

Die Ansicht leuchtet einem ein, wenn man gerade nichts anderes hat als Schulden und sonst nur das Vertrauen in einen Traum. Und trotzdem war ich mir meiner Sache so sicher. Wann immer die Stimmen aus dem Außen in meine Burg drangen, lief derselbe Film vor mir ab. Wie großartig wird das sein, wenn ich den letzten Schein dieser endlosen Prüfungsorgien in der Hand habe. Ich konnte spüren, wie sich das anfühlt, wie dieses Papier in meinen Fingern knisterte und mir zuflüsterte, dass die Zukunft mir gehörte.

Und dieses Gefühl konnte ich selbst in den schwierigsten Zeiten abrufen. Wenn mir das Geld vorne und hinten ausging. Wenn ein Freund, der zweimal im Jahr nach Ibiza flog, mich fragte, ob ich mitkommen wollte. Natürlich wollte ich.

Ich habe die Schirmchen-Cocktails auf den Partys der Insel praktisch schon geschmeckt, aber noch deutlicher habe ich den letzten Prüfungsschein in der Hand gespürt und sein Flüstern gehört. Sobald die Entscheidung getroffen war, war ich sicher, ihrer und meiner. Die Wege, die ich wählte, ging ich ruhig, weil ich sie nicht infrage stellte.

Nicht fürchten, wie es weitergeht. Nicht grübeln, wo man in fünf Jahren sein wird. Ja, ich weiß, das widerspricht so manchen Seminaren für aussichtsreiche Lebenspläne. Trotzdem bleibe ich dabei. Nicht fürchten, nicht grübeln. Wenn man am Ziel angelangt ist, kann man immer noch überprüfen, ob das, was man erreicht hat, ausreichend ist, und sich gegebenenfalls auf einen neuen Weg machen. Beliebig oft geht das nicht, weil es energetisch sehr aufwendig ist, aber beliebig oft ist es auch nicht nötig. Denn innere Ruhe heißt auch, zu sich zu stehen.

Sie zweifeln?
Dann haben Sie sich noch nicht entschieden.

Sie sehen schon, dass das kein wissenschaftliches Buch wird. Es wimmelt hier nicht von Studien in Fachchinesisch, was das betrifft, sehe ich mich eher als Ihr Übersetzer ins allgemein Verständliche. Überhaupt möchte ich mein Wissen nicht glänzen lassen. Ich möchte nicht beeindrucken, ich möchte, dass Sie das Wesen der inneren Ruhe besser verstehen und sich auf den Weg zu ihr machen können. Natürlich habe ich meine wissenschaftliche Expertise, mich des Themas anzunehmen. Ich habe meine fachärztliche Kompetenz und bin aus Erfahrung firm in der Sache. Ich habe auch Mittel zum Zweck, Techniken und Tools, die Ihnen helfen können. Aber ich habe kein fertiges Training, um zu dem vorzudringen, was jeder von uns in sich hat. Ich habe keine Standardübungen, mit denen man sich die höchste Form der Kontemplation erarbeitet. Ich habe schon gar keine Tipps, wie Sie schneller zur Ruhe kommen, sich stärker entspannen und sich effizienter erholen. Mit Power-Gelassenheit habe ich nichts am Hut.

Wir leben in einer Zeit, die alles und jeden optimiert. Man will uns besser machen, und zwar jetzt. Man will uns schneller machen, und zwar rasch. Man will uns ruhiger machen, und zwar sofort. Mitunter sind wir durchaus schnell zufrieden mit den flotten Lösungen, wenn auch nur kurzfristig. Der Markt ist überschwemmt von Apps mit Achtsamkeitsübungen und zum Runterkommen, wir gehen unter in Calm-Angeboten und Einschlaf-Hilfen. Um die innere Ruhe anzulocken, ist da wenig dabei. Denn solange wir dafür ein Smartphone in der Hand haben müssen, zeigt sie sich gar nicht. Das Smartphone hat keinen Bezug zum analogen Hier und Jetzt. Die digitale Welt mit ihrer ganzen Echtzeit-Attitüde zerstört das Hier und Jetzt. Man kann es nicht digital nachbilden, man kann es nur spüren.

Anders gesagt: Einmal hinsetzen und durchschnaufen ist etwas existenziell anderes als innere Ruhe, die einen über den gesamten Lebensweg hinweg begleitet. Für so einen Prozess fehlt uns meistens schlicht die Geduld. Geduld ist keine gefragte Fähigkeit in einer Welt, in der man selbst in der Nachhaltigkeit nach schnellen Erfolgen sucht.

Egal was, wir können's nicht erwarten.

Erwartung ist ein Wort, an dem man sich ganz leicht die Zunge verbrennt, insbesondere, wenn es um die innere Ruhe geht. Erwartungen sind per se etwas Unruhiges. Auch sie galoppieren über das Hier und Jetzt hinweg ihrem Ziel entgegen, das immer in der Zukunft liegt. Kaum treten sie ein, sind sie Geschichte, von der Realität überholt. Treten sie nicht ein, verwandeln sie sich in Enttäuschungen.

Wir haben jede Menge dieser Erwartungen, auch wenn wir die wenigsten davon brauchen können. Wir haben Erwartungen, die wir selbst an uns stellen, und Erwartungen, die an uns gestellt werden. Folgen wir dem Druck, sind wir überfordert. Folgen wir ihm nicht, auch.

Dem Druck auszuweichen, ist erst recht irreführend. Denn es führt uns immer weiter von uns selbst weg. Wir sollen sein, wie andere uns wollen. Etwas Unruhigeres kann sich unser Inneres gar nicht vorstellen. Irgendwann schämen wir uns dann auch noch dafür, nicht so sein zu können, wie wir sein sollten. Mir hat da immer die Sicht der Philosophie gefallen, die den Menschen im Zweifelsfall wünscht, sich lieber vor sich selbst zu schämen, als die Angst zu haben, sich vor anderen schämen zu müssen.

Zu sich zu stehen, ist eine Kunst, die beruhigt.

Ich habe in den Jahrzehnten meiner Arbeit noch keinen Menschen kennengelernt, der in sich ruht und gleichzeitig damit beschäftigt ist, einer, noch dazu immer schneller vergänglichen, Öffentlichkeit etwas vorzuspielen. Philosophisch betrachtet, besteht das Heilmittel gegen die Überforderung darin, dass wir dem leidvollen Überdruck die Geborgenheit der inneren Burg entgegensetzen.

Wenn Sie zur Ruhe kommen,
wird die Ruhe zu Ihnen kommen.

Moment, denken Sie jetzt vielleicht, da stimmt etwas nicht mit der Reihenfolge? Muss nicht die Ruhe zuerst zu mir kommen, damit ich zur Ruhe kommen kann?

Nein. Es ist keine Frage von Henne und Ei. Bei der Ruhe ist die Reihenfolge ganz klar. Die Ruhe ist da, sie ist von vornherein in uns. Aber sie gibt sich erst dann zu erkennen, wenn sie sicher ist, auch wirklich erwünscht zu sein. Erwünscht ist dabei fast zu wenig. Sie will sicher sein, tatsächlich auch ausgehalten werden zu können. Genau genommen treffen wir die Entscheidung zur Ruhe mit der Ruhe. Jedenfalls nie über sie hinweg. Die Entscheidung funktioniert nur gemeinsam.

Und man sollte sich in möglichst gesundem Zustand auf die Expedition zum Mittelpunkt der Ruhe machen. Wer innerlich leidet, erobert keine Festungen. Mit Leiden meine ich Zustände, die als Erkrankungen eingestuft und im ICD aufgelistet sind. Die Internationale statistische Klassifikation der Krankheiten der WHO ist eine amtliche Klassifikation für Diagnosen, nach der sich Ärzte, Psychologen, Therapeuten und andere Professionisten im Gesundheitsbereich richten. Eine Diagnose muss gewisse Kriterien erfüllen, die über dieses Manual definiert sind.

Natürlich gibt es auch subjektives Leiden, das nicht das offizielle Schild *Achtung Erkrankung* trägt, aber auch wehtut, obwohl man als gesund gilt. Leidet man, tut man sich schwer, auch noch den Weg zur inneren Ruhe zu suchen. In vielen Fällen wird das Versteck, das als Ziel anvisiert werden soll, nie ausfindig gemacht und stattdessen ein Leben in Unruhe und dem Unvermögen, im Augenblick zu leben, in Kauf genommen. Diese Menschen liegen mir besonders am Herzen.

Ihnen möchte ich Senecas Gedanken mitgeben, auch sie stammen aus *De vita beata, Vom glücklichen Leben*: »Glücklich ist ein Leben in Übereinstimmung mit der eigenen Natur, das nur gelingen kann, wenn die Seele erstens gesund ist, und zwar in dauerndem Besitz ihrer Gesundheit, sodann tapfer und leidenschaftlich, ferner auf schöne Weise leidensfähig, den Zeitumständen gewachsen, um den ihr zugehörigen Körper besorgt, aber ohne Ängstlichkeit; zudem in Bezug auf die anderen Dinge, die zur Lebensgestaltung dienen, gewissenhaft, doch ohne übertriebenes Interesse für irgend etwas, willens, die Geschenke des Glücks zu nutzen, nicht aber ihnen zu dienen.«

Mein Buch begleitet Sie, die Ruhe in sich selbst zu entdecken, sie zu erfassen und mit dieser inneren Ruhe ein Leben zu gestalten, das Ihren Bedürfnissen und Träumen entspricht. Ja, ich weiß, das sind große Worte, aber kleiner will ich es nicht angehen. Ich habe keinen Ratgeber im Sinn, sondern eine simple Einladung, mit Ihrer persönlichen Ruhe in Kontakt zu treten. Festzustellen, welchen unschätzbaren Reichtum Sie in sich tragen, und wie Sie ihn für sich nutzen können. Dazu ist im Grunde nicht mehr nötig, als sich dieses Reichtums bewusst zu werden. Das ist der Anfang des Weges zur höchsten Form der Gelassenheit.

Als gesunder Mensch werden Sie erspüren, wie sie sich anfühlt, Ihre innere Ruhe. Ruhe lässt sich sehr gut spüren in ihrer ganzen sanften Wucht. Wenn es so weit ist, können wir sie mit allen Sinnen wahrnehmen.

Ein gewaltiger Aha-Effekt.

Denn für viele Menschen ist die innere Ruhe die längste Zeit gar kein großes Thema. Sie gehen davon aus, ohnehin ruhig gewesen zu sein. Erst wenn sie die innere Ruhe dann wirklich kennenlernen, fühlen sie den Unterschied. Sie wissen auf einmal, dass sie noch nie ruhig waren. Ich habe das in meiner Praxis oft erlebt. Menschen, die ihrer

Unruhe als Ausgangspunkt im täglichen Leben jede Menge Platz ließen, weil sie verlernt hatten, auf den Urzustand der Ruhe zurückgreifen zu können. Auf das eigene innere Ich.

So einfach und unkompliziert die innere Ruhe in ihrem Wesen ist, so wenig einfach und unkompliziert ist es, sich ihr zu nähern. Mit diesem Buch möchte ich Denkanstöße dazu geben. Denkanstöße hin zu einer Erkenntnis, die ich für die essenziellste im Leben halte.

Denn ich bin davon überzeugt, dass ohne den Kontakt zur inneren Ruhe kein spontanes und sinnvolles Handeln möglich ist. Sie ist die Basis für alles. Das ist für mich der eigentliche Grund, sich die Entscheidung für die Ruhe zum Ziel zu machen.

Das, was am Ende des Buches für Sie herauskommen soll, ist eine Art Unabhängigkeitserklärung für die innere Ruhe. Ich möchte sie als etwas, das in uns ist, bewusst und nutzbar machen, und zwar unabhängig von den äußeren Umständen.

Egal, wie laut, wie turbulent, wie bewegt, wie beunruhigend es um uns herum ist, in die innere Burg soll das nicht eindringen können. Sie ist unser Rückzugsort, sie ist unser Ausgangspunkt. In ihr ist das Hier und Jetzt unzerstört.

Inwiefern werden Sie also am Ende davon profitieren, dieses Buches gelesen zu haben, wenn es kein Anleitungsbuch, kein Motivations-Ratgeber, kein Ruhe-Manual ist?

Inwiefern, fragen Sie sich zurecht, und was soll eigentlich am Schluss herauskommen?

Ich möchte, dass Sie fähig sind, Ihre innere Ruhe zu spüren. Ich möchte, dass Sie wissen, woraus Ihre subjektive innere Ruhe besteht. Ich möchte, dass Sie erkennen, was Ihnen guttut und die Konsequenzen daraus ziehen. Ich möchte, dass Sie sich für die innere Ruhe entscheiden. Und keine Angst, es müssen keine so großen Entscheidungen sein wie bei mir. Es können auch ganz kleine Entscheidungen sein, die den großen Unterschied machen.

Vor allem möchte ich Ihnen bewusst machen, dass Sie ein Recht auf Ihre innere Ruhe haben. Und ich möchte, dass Sie Lust haben, dieses Recht einzufordern.

Denn der gewichtigste Denkanstoß, den ich mit diesem Buch geben will, ist etwas anzustreben, das in unserer Gesellschaft viel zu wenig verankert ist. Innere Ruhe ist kein Luxusgefühl. Innere Ruhe ist überhaupt nichts, was man sich leisten können muss.

Innere Ruhe ist ein Menschenrecht.
Sie steht allen Menschen zu.

Die Zerstörung des Hier und Jetzt

Keiner weiß mehr, wo das Hier und Jetzt ist.
Trotzdem wollen wir schneller dort sein.

Wir befinden uns in einer Zeit, in der viel vom Hier und Jetzt geredet wird. Aber mir kommt immer mehr vor, dass keiner so recht weiß, wo das sein könnte. Wahrscheinlich, weil sich diese Adresse nicht im Navi eingeben lässt. Das Hier und Jetzt scheint so etwas wie ein hippes Viertel in einer Großstadt geworden zu sein. Ein begehrter Wohnbezirk, in dem auch noch Häuschen zu haben wären, aber irgendwie hat man den Umzug immer auf später verschoben. Mittlerweile droht das Hippe abzublättern, weil niemand mehr die Zeit hat, sich um die Erhaltung dessen zu kümmern, was das Viertel so begehrenswert gemacht hat.

Das Hier und Jetzt wird zusehends von einem Sofort und Mehr verdrängt, das von uns verlangt, über die Gegenwart hinweg in eine Zukunft zu preschen, die uns vorgaukelt, dass dort auf jeden Fall mehr auf uns wartet als in der Vergangenheit. Wir werden ins Ungewisse getrieben, ohne das kennenlernen zu können, was der Augenblick zu geben hat. Das Leben erscheint als eine Hetzjagd. Im Außen angestoßen durch den immer nächsten Kick, den man uns über sämtliche Kanäle unserer digitalen Welt schmackhaft macht; im Inneren belohnt vom limbischen System, das sich mit Dopamin dafür bedankt, dass wir bei der Jagd mitmachen.

Dopamin hat keine eigene Urteilskraft.

Es ist ein Botenstoff, der seine Glücksgefühle auf einen Reiz hin ausschüttet, so wie er es in der Evolution immer gemacht hat. Was gut für unser Überleben war, wurde honoriert. Fürs Überleben ist längst nicht mehr alles gut, was zur Dopaminausschüttung führt. Die Glücksgefühle sind nach wie vor angenehm, aber sie halten nur kurzfristig an, dann wollen wir den nächsten Kick, und weiter geht die Hetzjagd.

Dabei ist es völlig egal, ob wir zur nächsten Bestellung bei Amazon, zum nächsten Wischer auf Tinder, zur nächsten Beförderung oder zum nächsten Produktlaunch hetzen. Das Hier und Jetzt wird dabei überrannt, bis wir nicht mehr erkennen können, wo es denn eigentlich ist. Bemerkenswert ist, dass wir uns gleichzeitig danach sehnen. Je mehr wir über das Hier und Jetzt hinweghetzen, desto größer wird der Wunsch, uns dort ausruhen zu dürfen.

Machen wir uns auf die Suche nach diesem Hier und Jetzt. Beginnen wir mit dem Hier. Es erscheint die leichtere Übung, wobei das, ehrlich gesagt, täuscht. Denn das Hier ist kein Ort. Es dabei zu belassen, dass damit die Stelle, die Umgebung, das Haus, die Gegend gemeint ist, wo wir uns gerade befinden, ist noch nicht die ganze Wahrheit. Wenn wir den Begriff Ort etwas ausweiten auf Zuhause oder Heimat, kommen wir schon mehr hin. Aber vor allem hat das Hier eine zeitliche Komponente. Es ist nämlich auch ein Moment. Und dann noch einer. Und noch einer. Jeder Moment ist *hier*.

Vielleicht hilft es Ihnen, sich das wie das Negativ eines Films vorzustellen. Jedes einzelne Bild ist ein Moment. Jeder einzelne Kader wird erlebt. Einer nach dem anderen. Jeder davon ist ein Bild für sich und gemeinsam sind sie der Film. Und so sind Augenblicke nichts anderes als Momentaufnahmen, und gemeinsam bilden sie ein Leben. Mir gefällt in dem Zusammenhang ein Zitat von Michael Richter, einem deutschen Zeithistoriker und Autor:

Im Augenblick haben wir alle Zeit der Welt.

Das Hier besteht also aus Zeit und Raum, und trägt damit das Jetzt schon in sich. Keine Vergangenheit, keine Zukunft. Genau dazwischen hockt es, das Jetzt. Dass wir es so schwer erhaschen auf unserer Hetzjagd, liegt daran, dass wir ständig noch davor, im Gestern, oder schon danach, im Morgen, sind. Dass wir es nicht behalten können, liegt daran, dass es verschwindet, wenn wir es festhalten. Wie erwischen wir es nun, dieses Hier und Jetzt? Wie machen wir es dingfest?

Gar nicht.

Aber das müssen wir auch nicht. Wir brauchen es nicht zu horten. Es gibt jede Menge Naschschub davon. Das Hier und Jetzt wird uns nie ausgehen. Es genügt, wenn wir uns zu ihm setzen. Dorthin, wo es hockt. Zwischen Früher und Später. Dort denken – nein, dort fühlen wir uns hin. Denn der Verstand ist nicht für das Hier und Jetzt gemacht, dazu ist er zu unruhig.

Mir hat auf meinen Überlegungen zum Hier und Jetzt die Geschichte des griechischen Philosophen Demokrit über den traurigen Schüler geholfen, der seinen Lehrer bittet, ihm das Geheimnis des wirklichen Glücks zu verraten. Der Meister sagt: »Wenn ich liege, dann liege ich. Wenn ich aufstehe, dann stehe ich auf. Wenn ich gehe, dann gehe ich. Wenn ich esse, dann esse ich.«

Der Schüler antwortet, dass er das genauso mache, aber glücklicher sei er deshalb nicht.

Der Meister lächelt und sagt: »Während du liegst, denkst du schon ans Aufstehen, wenn du aufstehst, überlegst du, wohin du gehst, und während du gehst, fragst du dich schon, was du essen wirst.

Solange du nicht vollkommen gegenwärtig bist, liegen deine überflüssigen Gedanken wie eine schwere Last auf deinen Schultern.« Was für ein Glück, dass man lernen kann, sie abzuwerfen.

Die mit der Unruhe tanzen

Unruhe ist keine neue Erfindung. Wir haben sie heute nur zur Meisterschaft gebracht.

»Die Aufgeregtheit richtet auf Dauer zugrunde.« So sah es der chinesische Philosoph und Dichter Zhuangzi schon 300 Jahre vor Christus.

»Die Menschen glauben aufrichtig, die Ruhe zu suchen, und suchen in Wirklichkeit nur die Unrast«, befand der französische Philosoph Blaise Pascal im 17. Jahrhundert.

»Still liegen und wenig denken ist das wohlfeilste Arzneimittel für alle Krankheiten der Seele und wird, bei gutem Willen, von Stunde zu Stunde seines Gebrauchs angenehmer«, riet Friedrich Nietzsche 1878 in seinem Buch *Menschliches, Allzumenschliches*.

»Über den Wassern deiner Seele schwebt unaufhörlich ein dunkler Vogel: Unruhe«, schrieb Christian Morgenstern 1922.

»Viele Jugendliche haben mit ihren elektronischen Geräten einen so dichten Kokon aus Geplapper um sich gesponnen, dass sie nicht mehr wissen, was Alleinsein bedeutet.« Rhonda McEwen, kanadische Soziologin, irgendwann jetzt.

Sie ist keine neue Erfindung, die Unruhe. Wenn man sich die Zitate über die Jahrhunderte hinweg durchliest, sieht man, wie lange sie uns schon begleitet. Meine Absicht ist es, dieser Unruhe etwas entgegenzusetzen. Ich habe es zum Beispiel mit der Idee des Medienfastens probiert. Auch die ist nicht neu. Schon Goethe hat eines Tages aufgehört, Zeitungen zu lesen, weil er, wie er sagte, in Jahrhunderten denke und lebe.

Mein Grund zum Medienfasten ist viel profaner. Das Zuviel an Nachrichten hat mir nicht gutgetan. Und deshalb habe ich es mir zur Routine gemacht, bewusst auf den unkontrollierten Konsum von Nachrichten zu verzichten. Eines Tages wurde mir bewusst, dass Katastrophen, Tragödien und Unglaubliches aus aller Welt meiner Ruhe äußerst abträglich sind. Mittlerweile nehme ich mir am Tag maximal drei Minuten Zeit, um mich zu informieren, was passiert ist, und worauf man möglicherweise reagieren muss. Anfangs ist es nicht einfach zu begreifen, dass man nichts versäumt, wenn man nicht alles weiß.

Kleine Überlegung zwischendurch:

Wenn Sie sich ohne nachzudenken die Schlagzeilen der letzten Zeit in Erinnerung rufen, welche fallen Ihnen ein? Wie viele Nachrichten haben Ihnen gutgetan? Wie viele hatten etwas Lebensbejahendes? Die Ausbeute wird nicht überragend sein.

Mir fiel auch auf, dass es nicht wesentlich ist, bei jedem Ereignis live dabei zu sein. Wenig ist durch unsere Anwesenheit beeinflussbar. Es findet auch ohne uns statt. Nicht uninteressant, dass ich das als ehemaliger Radiojournalist sage, wo alles, was nicht live war, als halbtot galt. Topicality war oberstes Gebot. Brisanz und Aktualität. Was wir in Ö3 spielten, musste am Abend beim Wirten Thema sein.

Topicality also.

Eine wunderbare Sache, sofern etwas passiert. Aber was könnte die Leute interessieren, wenn nichts passiert? Etwas, das nicht mit Krieg, Seuchen, Krisen zu tun hat? So traurig es ist, aber wir können mit dem Guten und Schönen in der Welt nicht viel anfangen. Und das nicht, weil wir allesamt solche Pessimisten wären. Man nennt das Phänomen Negativitätsbias, wir werden später noch ausführlicher darauf eingehen. Es ist die Tendenz der Menschen, das Negative mehr in ihr Mindset zu integrieren als das Positive. Aus dem guten Grund, dass das Negative Gefahr birgt, während das Positive oft kein akutes Handeln verlangt.

Meine Antwort auf Topicality war Humor. Lustige Geschichten, ohne jeden Newswert, aber aus einer etwas anderen Perspektive und mit viel Resonanz abends im Wirtshaus. Ich bin zum Beispiel mit unserer Skilegende Franz Klammer die Bad Kleinkirchheimer Abfahrt nicht hinunter gefahren, sondern hinauf gegangen. Währenddessen hat er von einem Golfball fantasiert, den man nie sucht, weil er einen Sensor eingebaut hat. In Bad Kleinkirchheim stieß ich auf einen Friseur, der mit Zündhölzern Augenbrauendauerwellen gemacht hat. Und den Uhrmacher von Bleiburg habe ich angerufen, ob er die Sonnenuhr am Schloss auf Sommerzeit umstellen kann.

Nachrichten wie diese machen nicht nervös. Ganz im Gegenteil. Aber es gibt sie kaum mehr. So etwas ist im Journalismus fast abhandengekommen, wir sind auf Bad News getrimmt. Der amerikanische Bestsellerautor Ryan Holiday schreibt in seinem Buch *Der tägliche Stoiker,* dass hinter dem Versuch, stets auf dem Laufenden zu sein und über alles Bescheid zu wissen, unser Ego stecke. Ich gehe sogar noch ein Stück weiter mit dem Ruf:

Hören wir auf, Bescheid zu wissen!

Und das in jede Richtung. Beim Medienkonsum ebenso wie im Expertentum. Wir leben in einer Welt, die von Experten und Expertinnen überquillt. So viele Spezialisten für alles und jedes gab es noch nie. Sie werden uns von Politik und Medien vorgesetzt, sie ernennen sich selbst zu Fachleuten und tummeln sich im Internet. Doch wissen die Menschen, die Bescheid wissen, auch wirklich Bescheid? Sie selbst mögen davon überzeugt sein, aber was sagt das schon aus?

Selbstbewusstsein statt Fachwissen?

Ego statt Portfolio?

Ich denke, den richtigen Experten erkennt man daran, ob er sich in eine Meta-Ebene begeben kann, und ob er das, was er macht, immer wieder hinterfragt. Hinterfragen ist mittlerweile eine verlorene Kunst. Behaupten genügt. Das heißt nicht, dass evidenzbasiert arbeitende Experten nicht auch Fehler machen. Das tun sie. Aber ich sehe bei ihnen den klitzekleinen Vorteil, dass sie ab und zu den Versuch starten, in die Meta-Ebene zu gehen, um sich die Dinge von einer anderen, übergeordneten Perspektive anzusehen.

Die fehlende Meta-Ebene hat in den digitalen Kanälen auch einen Überhang am sogenannten Dunning-Kruger-Effekt hervorgebracht. Es handelt sich dabei um eine kognitive Verzerrung. Menschen mit mehr Selbstbewusstsein als Wissen haben die Tendenz, ihre vermeintlichen Fähigkeiten auch noch um ein Vielfaches zu überschätzen. Was die Diskussion mit ihnen erschwert, ist die Verleugnung der Tatsache, dass es einen Unterschied zwischen Meinung und Wissen gibt. Sie wissen, was sie meinen, und damit basta. Die Wissenschaft wird infrage gestellt und von selbst zusammengezimmerten Denkmodellen abgelöst.

Sorge macht mir nur, dass diese systematische Tendenz zu fehlerhaftem Urteilen, das meistens auch noch mit Aggression gepaart ist, immer noch völlig unterschätzt wird.

Es ist übermächtig, wir können uns kaum dagegen wehren, Gesellschaften werden gespalten.

Es gibt letztlich nur eine Chance, Eskalationen zu vermeiden, nämlich die sachliche Ebene nie zu verlassen und darauf zu achten, dass es nicht persönlich wird. Mehr kann man im Gespräch, in der Konfrontation nicht tun. Eine klägliche Reaktion auf etwas, das viel Unheil anrichten kann. Selektive Wahrnehmung und Bubble-Denke nähren den Selbstbewusstseinsmodus zusätzlich und fördern das Gefühl, Experte zu sein, worin auch immer.

Um sich mit Expertenmeinung überschütten zu lassen, ist nicht viel Konzentration nötig. Der Sozialpsychologe Herbert Simon, 1978 Nobelpreisträger für Wirtschaftswissenschaften, erkannte, dass eine Fülle an Informationen eine Aufmerksamkeitsarmut bewirke. Geduld wird durch passives Wahrnehmen nicht gefördert und verkümmert.

Dazu wird uns emotionale Wahrnehmung vorgefertigt präsentiert. In führenden Socialmedia-Plattformen hält sich standhaft eine besondere Präsentationsform, ein Phänomen, das ich »Plattern« nenne. Kurze, einprägsame und emotional zum Video passende Musiksequenzen, die schnell wiederkehrend repetitiv eingesetzt werden. Man erspürt in Sekundenbruchteilen, in welche gefühlsbestimmte Richtung der Beitrag zielt, und bevor man seine Vermutung bestätigt kommt, hat sich dieser Beitrag bereits mehrfach wiederholt und uns einen Spannungsaufbau gar nicht möglich gemacht.

Alles in allem bekommt man den Eindruck, gefüttert mit diesem niedergeprasselten Wissen, überall mitreden zu können, und man gießt Tragödien, Kriege, Krisen und Katastrophen in eigene Versionen. Und schon hat man sich selbst in einen Experten, eine Expertin verwandelt. Medienkonsum und Expertentum verschlingen sich ineinander und heraus kommt der Mainstream. Mainstream allerdings im Sinne Senecas. Er sah die Masse als die schlechteste Vermittlerin der Wahrheit. »Mit den menschlichen Verhältnissen steht es nicht so gut, dass der Mehrheit das Bessere gefällt. Der große Haufen ist ein Beweis für das Schlechteste.«

Heute halten wir Ereignisse, Gehörtes, Gesehenes für umso wahrscheinlicher, je leichter wir uns daran erinnern. Anders ausgedrückt: Je öfter etwas getrommelt wird, desto wahrer wird es.

Es ist also eine ganze Menge, was in unserer Zeit gegen die Ruhe spricht. Dabei ist sie das, was wir gerade jetzt am dringendsten zu unserem Wohlbefinden und für unsere Gesundheit brauchen. Ruhe schafft Geduld, Geduld fördert Konzentration, und Konzentration ist gefragt, wenn man im Augenblick verweilen möchte. Dem Ort, an dem die Ruhe wohnt. Und zu dem wir nun gemeinsam aufbrechen.

Ich selbst habe den Weg letztlich nach einem Nachtdienst in der psychiatrischen Klinik angetreten. Es war die Arbeitsstelle nach meiner psychiatrischen Facharztausbildung, in der ich erstmals ausharrte, weil ich nach allen guten Ratschlägen aus meinem Umfeld endlich einmal doch eine Sache nicht nur durchziehen, sondern auch aussitzen wollte. Es hat nicht funktioniert. Die für mich falsche Lebensgestaltung brachte meinen Körper in ein derartiges Ungleichgewicht, dass ich in diesem einen Nachtdienst meine aufgestaute Unzufriedenheit fast auf einen Patienten übertragen hätte. Ich war unfreundlich, ich war wütend, und ich habe viel zu spät gemerkt, dass es reicht. Ich bin heute noch glücklich darüber, dass ich den schwer alkoholisierten Mann um vier Uhr in der Früh so betreut habe, wie es lege artis erforderlich war. Nach der Frühbesprechung habe ich gekündigt.

Es war allerdings nicht der Patient, der mich unruhig gemacht hat. Ich selbst war es, weil ich nicht dem folgte, was ich eigentlich machen wollte. Nach diesem Nachtdienst habe ich mich für meine innere Ruhe entschieden.

Ich hoffe, Sie brauchen kein solches Erlebnis dazu.

Ich hoffe, Sie schaffen es mithilfe dieses Buches.

Die Entscheidung, sich zu entscheiden.

Post für Sie!

Alle haben ihre eigene Vorstellung von Ruhe.
Wie Ihre aussieht, erfahren Sie vom Briefträger.

Manchmal passiert es bei meinen Ruhe-Seminaren, dass ich mit einem Rucksack voller Kuverts erscheine. Es sind leere Kuverts, die ich da mitschleppe. Jeweils dreißig für jeden meiner Teilnehmer und jede meiner Teilnehmerinnen, je eines für jeden Tag des kommenden Monats. Diese Kuverts packe ich aus und staple sie vor mir auf.

Heute habe ich Kuverts für jede und jeden von Ihnen dabei, lieber Leser, liebe Leserin, die ich Ihnen jetzt symbolisch überreiche, um eine Einladung an Sie auszusprechen. Die Einladung, sich mit Ihrer inneren Ruhe bekannt zu machen. Sie zu kontaktieren.

Entscheiden Sie sich dafür, dann bitte ich Sie …

… über einen Monat hinweg jeden Tag auf ein Blatt Papier zu schreiben, in welchen Momenten Sie sich ruhig gefühlt haben. Es ist keine große Sache. Ein paar Sätze genügen. Eine kleine Szene, in der Sie die Ruhe fühlten, eine Begegnung, eine Momentaufnahme, ganz egal. Ihre innere Ruhe ist einzigartig. Wann, wo und wie Sie sie spüren, ist ausschließlich Ihre Wahrnehmung. Da hat niemand anderer mitzureden, schon gar nichts zu bekritteln.

Sie müssen nicht erklären, warum sich die Ruhe ausgerechnet in diesem Moment einstellte. Sie brauchen nicht zu beschreiben, wie genau sie sich anfühlte, die Ruhe. Nur, dass sie da war, und in welchem Moment sie Ihnen auffiel.

Kein Essay über das Wesen der Ruhe, nur ein paar Zeilen.

Als ich meine kleine Tochter beim Spielen beobachtete, fühlte ich mich ruhig. Als ich auf die Couch sank, fühlte ich mich ruhig. Als ich von meinem Marmeladebrot abbiss, fühlte ich mich ruhig.

Stecken Sie dann das Blatt in ein echtes Kuvert, tragen Sie es auf die Post und schicken Sie es an sich selber ab. Jeden Tag, einen Monat lang.

Entscheiden Sie sich dagegen, können Sie auch einfach nur im Buch weiterlesen.

Sollte bei Ihnen jetzt der Gedanke aufkommen, sich für die Kuverts entscheiden zu müssen, verfolgen Sie ihn nicht weiter. Ihre Entscheidung zählt, wie immer sie ausfällt.

Entscheidung eins:

Sie schicken sich Ihre Kuverts.

Entscheidung zwei:
Sie schicken sich keine Kuverts.
Wofür entscheiden Sie sich?
Keine Entscheidung ist besser als die andere. Die, die Sie wählen, ist die richtige.

Ich will also gar nicht so sehr auf Ihre Bereitschaft hinaus, sich für die Suche nach der inneren Ruhe zu entscheiden. Ihr Interesse an der Ruhe haben Sie auch schon bekundet, indem Sie dieses Buch gekauft haben. Ich will auf das Wesen der Entscheidung hinaus. Das Dafür oder Dagegen ist nicht das Wichtigste. Das Wichtigste ist das Bewusstsein, entschieden zu haben.

Aha, höre ich Sie sagen, und kann mich an mein eigenes Aha erinnern. Als ich begann, mich mit der Entscheidung zur inneren Ruhe zu beschäftigen, verwirrte mich das auch: Es sei nicht wichtig, *was* ich entscheide, sondern nur *dass* ich entscheide. Was hat das für einen Sinn? Entscheidung muss doch etwas bewirken. Es dauerte seine Zeit, bis ich begriff, woraus diese Wirkung besteht.

Allein die Ruhemomente aufzuschreiben, bewirkt schon etwas. Indem Sie sie in Worte fassen, erkennen Sie, dass es Sie gibt. Dass sie existieren, auch wenn man sie so gar nicht am Radar hat. Ohne sie mit ein paar Zeilen festzuhalten, rutschen sie einem leicht durch. Vielleicht nimmt man zu flüchtig wahr, dass sich die Wogen im Alltag gerade kurz gesenkt haben. Womöglich übergeht man zu schnell, dass der Sturm einen Moment innegehalten hat. Eventuell nimmt man sich keine Zeit zu bemerken, dass es plötzlich so lautlos war um einen herum. Oder man kriegt schlicht auch gar nichts mit. Die innere Ruhe drängt sich nicht auf, sie ist. Sie in diesem Sein zu erkennen, ist das Ziel.

Und damit sind wir wieder bei unseren Kuverts. Denn natürlich bewirkt es auch etwas, die Kuverts wirklich täglich auf die Post zu bringen. Es ist ein Aufwand, den man eingeht, wenn man sich für etwas entschieden hat. Dann überlegt man nicht mehr: Soll ich? Soll ich nicht? Man ist schon dabei. Und man erneuert die Entscheidung damit jeden Tag.

Das Versteck der inneren Ruhe

Warum das, was Sie für Ihre Komfortzone halten, der unbequemste Platz für Sie ist.

Die Suche nach der inneren Ruhe ist keine Schnitzeljagd, die uns Hinweis für Hinweis um die halbe Welt schickt. Ihr Name sagt, wo sie sich aufhält: in uns drinnen. Doch so recht glauben können wir es alle miteinander nicht, wie die Plätze, an denen nach ihr gesucht wird, zeigen. Wir schnüffeln lieber im App-Store herum, bei Yogameistern, in Seminaren, bei Coaches, nicht zuletzt bei mir.

Dabei ginge es so viel einfacher als gedacht, wie die folgende Geschichte enthüllt:

Es heißt, die Götter sollen vor langer Zeit zum Entschluss gekommen sein, dass es nicht klug wäre, wenn die Menschen das Geheimnis der Ruhe und des Glücks finden, bevor sie dazu bereit sind. Das war auch der Grund, warum sie dieses Geheimnis so lange an einem Ort verstecken wollten, bis die Menschen reif dazu waren, mit Ruhe und Glück umgehen zu können, um damit ihr eigenes Leben zu gestalten.

Zuerst ist den Göttern der höchste Berg als Versteck in den Sinn gekommen. Allzu schnell war ihnen aber klar, dass es nur eine Frage der Zeit war, bis dieses Versteck ausfindig gemacht werden würde. Da dieser Ort kein sicheres Versteck gewesen wäre, kam ihnen der Einfall, das Geheimnis am tiefsten Punkt des Meeres zu verstecken. Doch auch dort, waren sich die Götter sicher, würden die Menschen es viel zu früh entdecken, noch bevor sie mit der Ruhe und dem Glück etwas anfangen hätten können. So mussten sie nun einen geheimen Ort finden, den man nicht unmittelbar entdecken kann und zu dem der Zugang besonders schwierig war. Dort würde der Mensch erst suchen, wenn er wirklich dazu bereit ist. So wurde schlussendlich ein Platz gefunden, der sich als Versteck hervorragend eignete. Die Götter entschlossen sich, das Geheimnis der Ruhe, des Glücks und der Liebe im Menschen selbst zu verstecken. Um dorthin zu gelangen, wussten die Götter, müssten alle, die das Versteck suchen, den Weg in ihr Inneres antreten.

Die Frage ist also nicht: Wo ist sie denn, die innere Ruhe?

Sondern: *Wann* finde ich sie?

Wann sind wir bereit, die Ruhe zu finden? Wann ist dieser Kairos, den die alten Griechen als den rechten Zeitpunkt für eine Entscheidung bezeichnen? Der rechte Zeitpunkt, sagten sie, ist dann, wenn sein ungenütztes Verstreichen nachteilig sein könnte. Als mir diese Geschichte erstmals unterkam, fiel mir ein uralter Witz ein von einem Betrunkenen, der nachts im Schein einer Straßenlaterne nach seiner verlorenen Uhr sucht.

»Sind Sie sicher, dass Sie sie hier verloren haben?«, fragt ein Passant, der ihm beim Suchen hilft. »Nein, sagt der Betrunkene, aber woanders kann ich sie nicht sehen.«

Die Pointe ist leise, aber mir geht es hier auch nicht um einen Schenkelklopfer, sondern um eine seltsame Wahrheit. Keine Ahnung, wo die innere Ruhe ist, ich suche jedenfalls dort, wo es viel zu einfach wäre, sie zu finden. Oje, kann ich mir dann denken, hier ist sie nicht. Und schon kann ich mich wieder auf das Terrain zurückzuziehen, das ich für meine Komfortzone halte. Ja, so läuft das ab bei den meisten.

Die Komfortzone ist ein gemeines Stichwort, wenn es um das Versteck der inneren Ruhe geht, das kann ich Ihnen sagen. Eine der hartnäckigsten Verwechslungsgeschichten im Leben eines Menschen. Denn das, was wir für unsere Komfortzone halten, ist genau das Gegenteil von Komfort. Es ist der Platz, an dem es gar nicht unkomfortabler geht.

Das Einzige, was die vermeintliche Komfortzone so erträglich macht, ist der Umstand, dass wir sie kennen.

Sie ist uns bekannt, das ist ihr einziger Vorteil. Aber bekannt heißt nicht, dass sie deshalb auch gemütlich ist. Für mich hat sie was von einem uralten Sofa, bei dem die Pölster so durchgesessen sind, dass einem das Kreuz wehtut, und die Spiralen uns in den Hintern stechen. Unsere Komfortzonen sind die Zonen der größten Komfortlosigkeit. Aber das scheint uns nicht zu stören. Immer wenn es zu sehr pikst, rücken wir einfach ein Stück weiter. Statt dass wir aufstehen und uns einen wirklich kuscheligen Platz suchen. Bequem ist das nur deshalb, weil wir zu bequem sind, den eingesessenen Platz zu verlassen.

Die Klienten in meinen Coachings und Therapien sind allesamt davon überzeugt, ihre Komfortzone verlassen zu müssen, um sich zu verändern. In Wahrheit ist es genau umgekehrt. Sie haben sich dann verändert, wenn sie ihre wahre Komfortzone erreicht haben.

Ich wünsche Ihnen nichts mehr, als dass Sie Ihre wahre Komfortzone erreichen. Und ich kann Ihnen auch ganz genau sagen, wo sie sein wird: in Ihrem ganz persönlichen Zielbereich. Wenn Sie die innere Ruhe gefunden haben, dann sind Sie endlich in Ihrer Komfortzone, womöglich auch mit dem Gefühl, schließlich doch angekommen zu sein. Auch das bewirkt die innere Ruhe.

Die wirkliche Komfortzone liegt immer dort, wo wir gerade sind. Das klingt, als wäre es ständig woanders, aber das meine ich nicht. Es schließt sich vielmehr der Kreis zum Kairos.

Der jeweils richtige Ort für die innere Ruhe ist wie der richtige Zeitpunkt: immer da im Augenblick.

Ich habe mit unzähligen Menschen gesprochen, sie begleitet und dabei gemerkt, wie schwer es für den Großteil ist, diese Reise zum eigenen inneren Ich, dem Ursprungsort für die Ruhe, anzutreten. Paradoxerweise nehmen wir eher Beschwerden und Krankheiten in Kauf und leben mit den daraus entstehenden Einschränkungen, als dass wir uns auf den Weg machen und das Geheimnis finden, das in uns wartet. Und zwar in jedem von uns. Wir haben verlernt, im Jetzt zu leben. In diesem Moment, wie Kinder es können. Als Erwachsene lümmeln wir oft weiter in der falschen Komfortzone und taumeln an unseren Wünschen und Träumen vorbei. Klienten und Patienten nehmen oft eine lange Odyssee in Kauf, die sie von Arzt zu Arzt, von Therapeut zu Therapeut treibt, und bei der sie trotzdem nie das Gefühl haben, angekommen zu sein. Nämlich bei sich. Zugegeben ist dieser Weg zum inneren Ich nicht einfach zu gehen. Er ist voll mit bequemeren Abbiegespuren und Pfaden, die ständig einladen, eine andere Richtung einzuschlagen.

Mit meiner Einladung, Ihre innere Ruhe zu kontaktieren, möchte ich Sie in Wahrheit dazu einladen, Ihr Leben selbst zu gestalten. Und zwar so, dass es Ihren Wünschen und Träumen entspricht. Das geht. Ich hab's erlebt, bei mir und bei anderen. Seien Sie sich bewusst, dass Sie der Regisseur in Ihrem Leben werden können.

Eine Teilnehmerin an einem meiner Seminare nahm mich einmal zwischendurch beiseite. Sie sei, sagte sie, immer davon ausgegangen, eigentlich ganz ruhig zu sein. Für mein Seminar habe sie sich nur aus Interesse entschieden, nicht aus Notwendigkeit. Aber jetzt habe sie erkannt, wie sehr sie sich geirrt hatte. Denn ruhig sei sie in ihrem Leben noch nie gewesen, das sei ihr jetzt klar geworden.

Seltsam war, dass die Umwelt ihre Unruhe nie mitbekommen hatte, sie wurde sogar um ihre Gelassenheit beneidet. Aber während sie dasaß wie die weibliche Version von Buddha, war sie insgeheim damit beschäftigt, sich vor anderen nicht anmerken zu lassen, wie es ihr tatsächlich ging. »Ich brauche Schutz«, bekannte sie vor der Gruppe, »ich brauche Schutz, den ich mir selbst nicht geben kann.« Ihre Offenheit beeindruckte, und die Gruppe baute ein sogenanntes Schutzhaus für sie. An sich eine Intervention aus der Kinder- und Jugendpsychotherapie, aber hier genau richtig.

Das Haus bestand aus riesigen Umzugskartons mit ausreichend Platz für einen erwachsenen Menschen und verschließbaren Fenstern, die in die Wände geschnitten wurden. Damit konnte sie das Schutzhaus öffnen und verschließen, wie sie wollte. Sie machte es sich mit Decken und Pölstern darin gemütlich. Die anderen Teilnehmer gruppierten sich rund um das Haus. Zwanzig Minuten lang waren maximal ein erleichterndes Seufzen und Schluchzen zu hören, aber dafür war umso mehr zu spüren. Erst nach der Stille und dem Gefühl von Geborgenheit und Sicherheit zeigte sich erstmals wahre Ruhe.

Wir geben unserer Unruhe als Ausgangspunkt im täglichen Leben ihren Platz, weil wir verlernt haben, auf den Urzustand der Ruhe zurückzugreifen. Auf unser inneres Ich, dem wir uns in diesem Buch nach und nach nähern wollen.

Die innere Ruhe ist subjektiv.

Jeder von uns versteht etwas anderes darunter. Wir erleben sie in den unterschiedlichsten Ausprägungen und Intensitäten. Ein Karthäusermönch in seiner Klause hat eine andere Definition dafür als eine Managerin, die es in ihren Sechzig-Stunden-Wochen kaum schafft, zu schlafen. Der Mönch wird nicht grundsätzlich permanent im Stress sein. Die Managerin ist schon froh über einen Augenblick des Durchatmens.

Die Bandbreite der Unruhe ist endlos. Unlängst hat mir ein Klient erzählt, dass er aus der Haut gefahren ist, weil ihm die Straßenbahn davonfuhr. Viele haben in manchen Momenten das Gefühl, wenn sie jetzt noch wer nach der Uhrzeit fragt, dann war's das. Ein anderer zuckt aus, weil er sich die Schuhe immer so bindet, dass die Masche garantiert aufgeht. Ich dachte kurz, ein Doppelknoten wäre vielleicht die Lösung, aber es geht nicht darum, dass ich als Therapeut eine Lösung anbiete. Meine Frage ist: Was genau macht einen an diesen ganzen Misslichkeiten so unendlich unrund?

Mein eigener Begriff der Unruhe stammt noch aus meiner Kindheit. Jeden Tag auf dem Schulweg kam ich mit meiner Schultasche voller nicht gemachter Hausaufgaben an einem Gendarmerie-Posten vorbei. Ich war etwa zehn, also in dem Alter, in dem Kinder oft in Verkehrserziehung unterrichtet wurden. Damals gab es grüne Jetons für alle, die brav links und rechts schauten, bevor sie die Straße vor dem Posten überquerten. Die Beamten beobachteten uns durchs Fenster des Gendarmerie-Postens, und wenn ein Kind alles richtig gemacht hatte, kamen sie heraus und belohnten es mit einem der grünen Jetons. Ich wollte so einen grünen Jeton, unbedingt. Ich schaute links und rechts, jedes Mal. Aber nie war ein Beamter am Fenster. Ich ging weit öfter an der Gendarmerie vorbei, als ich gemusst hätte, und ich schaute links und rechts, bis mir fast schwindelig wurde. Monatelang. Dann sparte ich mir das Gehen, stellte mich vor den Posten und schaute links und rechts, links und rechts, links und rechts. Ich bekam nie auch nur einen einzigen grünen Jeton.

Ich habe lange nachgedacht, ob sich für dieses Buch ein gemeinsamer Nenner finden ließe, der alle eint, vom ungeschickten Schuhbandknüpfer bis zum Buben ohne grüne Jetons. Und ich bin auf etwas gekommen. Es geht nicht um eine Definition der Ruhe. Es geht um eine Liebeserklärung an die innere Ruhe.

Es ist ein Kalender

Von der Weisheit des Nichtstuns, der Wucht der Langeweile und der Kunst, die Ruhe auszuhalten.

Ich habe ein Bild, das ich manchmal verwende, um zu zeigen, wie man sich der Ruhe nähern kann. Es ist keine Intervention, ich kam eher durch Zufall drauf. Nichts Großartiges und überhaupt nicht aufwendig. Ab und zu ergibt es sich, wenn ich mit jemandem beisammensitze, dass ich meinen kleinen ledernen Taschenkalender in die Hand nehme und ihn hochhalte. Ja, ich habe noch einen Taschenkalender, so ein analoges Relikt aus einer Zeit, in der noch niemand von der Synchronisation von Kalendern redete, von E-Mails, aus denen man mit einem Klick ein Date im Computer eintragen kann, der dann gleichzeitig auch auf Smartphones und Tablets aufscheint, ja, so etwas Altmodisches habe ich. Ich halte also meinen Taschenkalender hoch und sage: »Schau mal, das ist ein Kalender.«

Der Jemand, der mir dabei gegenübersitzt, schaut mich dann erwartungsvoll an.

Er hat das Ding erkannt, es ist ein Kalender. Ich halte ihn weiter hoch.

Nach einiger Zeit sage ich wieder:

»Es ist ein Kalender.«

Erstes Stirnrunzeln. Mein Gegenüber fixiert den Kalender, als würde der gleich anfangen zu sprechen und ihm verraten, was hier vor sich geht.

Und dann sage ich noch einmal: »Es ist ein Kalender.«

Mein Klient weiß nicht, was ich von ihm will. Er kam der Ruhe wegen, und jetzt mache ich ihn nervös. In Wahrheit stimmt das natürlich nicht. Ich mache ihn nicht nervös, ich beruhige ihn. Aber es braucht seine Zeit, bis man das bemerkt.

Und dann sage ich noch einmal: »Es ist ein Kalender.«

Ja, es ist ein Kalender, schwarz, mit Ledereinband, das sich glatt und weich anfühlt, wenn man drüberstreicht. Aus. Mehr ist dazu nicht zu sagen. Es ist nichts anderes als ein Kalender. Und so wollen wir ihn betrachten. Unabhängig davon, wie viele Termine drinstehen. Unbeeinflusst davon, wie viele davon unangenehm waren oder sein werden. Unbeeindruckt davon, ob wir glauben, dass das alles zu schaffen sein wird, was da drinnen als To-Dos gesammelt ist, oder wir unter der Wucht dessen, was von uns erwartet wird, zusammenzubrechen.

Setzen Sie sich doch auch kurz zu mir.

Nehmen Sie Ihren Kalender, es kann ruhig auch das Smartphone sein, und machen Sie sich bewusst: Es ist ein Kalender.

Sie haben keinen Begriff davon, wie das beruhigt.
Es ist ein Kalender.
Eine Minute lang.
Es ist ein Kalender.
Immer weiter.
Ein Kalender.
Wertfrei.
Kalender.
Bis es fad wird.

Mehr ist es nicht. Ich schaue mir meinen Kalender nur im Hinblick darauf an, was ich von außen sehe. Ich denke nicht an das, was drinsteht, schon gar nicht, was es bedeutet. Ich reduziere den Kalender auf das simple Sein. Dieses kleine, aber probate Tool, das man auch als Ritual nutzen kann, kitzelt nahezu aus dem Nichts heraus, was die innere Ruhe ausmacht: Denn letztlich, ich würde sogar sagen im Bestfall, besteht sie aus Langeweile.

Das Nichtstun ist unglaublich effizient.

Wu wei, vielleicht haben Sie den Begriff schon gehört. Er kommt aus dem Daoismus und bedeutet Handeln durch

Die Unerträglichkeit der Ruhe

Zur Ruhe kommen bedeutet,
sie erst einmal ertragen zu lernen.

Für jene, die nicht an sie gewöhnt sind, kann die Ruhe unerträglich sein. Es braucht eine Zeit, um mit ihr umgehen zu können, sie als das zu empfinden, was sie ist: Erholung, Rückzug in die innere Burg und ultimativ ein Zustand tiefen Friedens. Ruhe kann sich nicht von jetzt auf gleich einstellen, nachdem man sie bisher im Leben noch gar nicht zulassen konnte. Aber irgendwann gibt es einen Punkt, an dem das Unerträgliche an der inneren Ruhe der Sehnsucht nach unserem Urzustand Platz macht, der Ruhe an sich. Das ist das Ziel, und man weiß, dass man angekommen ist.

Was ich damit sagen will: Lassen Sie sich zu Beginn des Weges nur nicht abbringen.

Seien Sie nicht irritiert, wenn Sie zunächst durch die Ruhe eher Anspannung bemerken und machen Sie ruhig weiter. Sie wären nicht die Einzigen, die diesem Phänomen begegnen.

Ich erlebe das in meinen Gruppentherapien immer wieder live. Jeden Mittwochabend empfange ich die Ruhesuchenden meines Gruppen-Coachings und beobachte denselben paradoxen Effekt, wie Ruhe bei den Ungeübten zu Anspannung führen und sie durcheinanderbringen kann.

Die Teilnehmer kommen zu den Gruppenabenden oft abgehetzt, direkt von der Arbeit oder mit der Last ihrer persönlichen Geschichten. Anfangs herrscht deshalb oft eine Art unausgesprochener Unruhe. Ohne zu wissen, worum es geht, liegt eine Energie im Raum, die nicht selten auch zu Körperlichkeiten führt, bevor man überhaupt noch ein Wort ausgetauscht hat. Auch ich selbst kenne natürlich angespannte Tage und spüre dann die aufgewühlte Atmosphäre an meinem Herzschlag. Ich begegne dieser Stimmung mit Stille. Nichts anderem, nur mit Stille.

Wir setzen uns.

Sesselkreis.

Es wird ruhig.

Ein paar Minuten.

Einige zupfen an ihren Outfits herum.

Einige richten sich die Haare.

Einige rutschen auf den Sitzflächen hin und her.

Alle schauen in die Runde.

Ich auch.

Ich mache das nicht, um zu sehen, was passiert, sondern, weil auch ich erst ankommen muss. Ich sitze ruhig auf meinem Stuhl und denke, ja, Michi, das brauchst du jetzt.

Wir sitzen.

Ich werde ruhiger, das Rutschen einzelner nervöser.

Wir sitzen.

Bis jemand die Stille durchbricht und sich zu Wort meldet.

Abwendung von der Zugewandtheit

Wir gehen nicht miteinander um, sondern aneinander vorbei. Beruhigend ist das nicht.

Meine Art der Therapie ist das Psychodrama. Es gibt in Österreich mehr als zwanzig vom Gesundheitsministerium anerkannte Richtungen der Psychotherapie, das Psychodrama ist eine davon. In meinem Konzept ist der Therapeut dazu da, produktive Dialoge mit seinen Klienten zu führen, ihnen einen geschützten Rahmen zu geben und die Individuen der Gruppe Individuen sein zu lassen. Die Leute sollen gehört werden, Anteilnahme finden und das sein, was sie sind: sie selbst.

Ich habe mich für das Psychodrama entschieden, weil ich schon vor meiner Ausbildung das Buch des deutschen Psychologen Michael Schacht gelesen habe. *Das Ziel ist im Weg. Störungsverständnis und Therapieprozess im Psychodrama.* Schacht ist der wissenschaftliche Vater des theoretischen Konzepts des Psychodramas und sein Gedankengang, dass das Ziel auch die Hürde auf unseren Wegen sein kann, hat mich gefesselt.

In der praktischen Arbeit hat es sich eindrucksvoll bestätigt. Das Ziel ist tatsächlich oft im Weg. Viele Leute kommen mit Ansprüchen an sich selbst zur Therapie, die den glatten Glanz der Perfektion haben. Das perfekte Ziel, darunter wollen sie es nicht tun. Und das in allem, was sie angreifen. Sei es eine Abschlussarbeit, die die beste von allen sein muss; ihre Beziehung, die die glücklichste der Welt sein muss; oder das Leben, das das lebenswerteste überhaupt sein muss. Wenn sie schon etwas anstreben, dann das Höchste.

Es ist gut gemeint, aber Gutes tut man sich damit nicht. Denn solche Ziele sind alles andere als perfekt. Perfekt bedeutet nämlich auch: Ich werde es nie erreichen können, ich werde immer daran scheitern. Das ist das Problem perfekter Ziele. Die Konsequenz dieses Nicht-Erreichens ist Unzufriedenheit und deren Konsequenz ist die Unruhe, also genau das, was wir eigentlich auszumerzen versuchen.

Es reicht nicht, sich auf dem Weg zur Ruhe auf Therapie und Selbsterfahrung zu verlassen. Ein Ziel ist notwendig. Es soll nur nicht perfekt sein, es muss dem Inneren wohltun. Auf das Ziel zuzusteuern, soll keine Knochenarbeit sein, sondern eine reizvolle Aufgabe. Unsere Komplizen dabei sind unsere fünf Sinne und das Vertrauen auf den Erfolg.

Die Komplizin der perfekten Ziele ist hingegen die Erwartung, wir hatten sie schon in etwas anderem Zusammenhang. Auch sie ist etwas, was wir gern hochschrauben. Wenn schon das Ziel dort oben wartet, kann die Erwartung nicht viel darunter liegen. Das gilt auch für die

Erwartungen anderer, die wir so eilfertig übernehmen. Das können einzelne Personen sein, denen man es recht machen will, aber sehr oft sind es die Erwartungen im Mindset der Zeit. Dem Mindset der Bubble, in der man lebt, dem Mindset der Gesellschaft. Erwartungen, die man selbst womöglich gar nicht hätte, wenn man sie nicht in den sozialen Medien aufgedrängt bekäme.

Zu hohe Erwartungen und zu ehrgeizige Ziele sind dann erst recht ein unruhiges Duo, das im Leben viel Durcheinander anrichten kann. Vor allem sind sie Zeitgenossen, die ständig mit der Peitsche knallen, um uns zu mehr, zu Höherem, zu Weiterem anzutreiben und damit zu einem Wettlauf, der uns überhaupt nicht guttut. Fehler dürfen dabei schon gar nicht passieren, in einer perfekten Welt sind Fehler der Supergau. Der Druck, der dadurch entsteht, ist enorm.

Ich wünsche allen Perfektionisten den Mut zur Peinlichkeit.

Ja, so uncharmant es klingt, so heilsam ist es. Die Bereitschaft, sich selbst in seiner ganzen unperfekten Menschenart zu zeigen, nimmt nicht nur den Druck heraus, sie kann auch etwas sehr Befreiendes sein, und etwas sehr

Kreatives. Womit wir wieder beim Psychodrama sind. Darf ich Ihnen sieben Jahre Psychotherapie in einem Satz hinwerfen: Wir behaupten, dass allen Menschen Kreativität innewohnt und dass die Psychotherapie sie im Psychodrama freisetzen kann.

Wie darf man sich das in der Praxis vorstellen?

Menschen, die in die Therapie kommen, kommen nie allein. Sie haben immer ein Problem dabei, das sie wieder loswerden wollen, am liebsten so schnell wie möglich. In dem Bemühen, dieses Problem zu lösen, passiert etwas, was im zwischenmenschlichen Umgang gang und gäbe sein sollte: soziale Zugewandtheit.

Es ist das Natürlichste auf der Welt, und doch so eine Kunst. Eigentlich können wir uns gar nicht dagegen wehren. Wann immer zwei Menschen zusammentreffen, sind sie einander zugewandt. Die Frage ist nur, in welchem Maß. Im Idealfall ist es die Summe von Gefühlen, die ein mitmenschliches Zusammenleben ausmachen. Da schwingt Wohlwollen mit, genauso wie Respekt gegenüber, Interesse für und Neugierde auf jemand anderen.

Wann haben Sie all das gespürt in einer Begegnung der letzten Zeit?

Die gesamte Bandbreite der Zugewandtheit ist kein alltagstauglicher Umgang in einer Zeit, die so schnell dahinflitzt wie unsere. Um sich jemandem wirklich bewusst zu widmen, braucht man länger als ein paar Minuten. Dazu muss man sich mit ihm unterhalten, auf ihn eingehen, versuchen, ihn zu verstehen. Im schwierigsten Fall muss man ein paar Hürden überspringen, Abneigungen überwinden, Ärger hinunterschlucken. Nicht jeder, dem wir begegnen, ist uns auf Anhieb sympathisch, und um etwas an ihm zu finden, was den ersten Eindruck ändern könnte, braucht es nicht nur Zeit, sondern auch Großherzigkeit, Milde und letztlich Verzeihen. Worte, die einem wie Mosaiksteinchen eines antiquierten Sprachschatzes erscheinen.

Trotzdem hat jeder Mensch irgendwo etwas, das ihn uns in einem sanfteren Licht zeigt und ihn uns näherbringt. Vor allem, wenn wir seine Geschichte kennen und erfahren, was ihn geprägt und zu dem gemacht hat, was er ist. Zu der Tür kommt dann auch die Milde herein. Die sich übrigens nicht auf Taten oder Meinungen bezieht. Zugewandtheit bedeutet nur, dass wir uns dem Menschen zuwenden sollen. Es bedeutet nicht, dass wir das, was er tut oder denkt, gutheißen müssen.

Begegnung an sich ist also soziale Zugewandtheit. Oder sollte es jedenfalls sein, wenn wir das in unseren digitalen Zeiten nicht schon so verlernt hätten. Phänomene wie Narzissmus haben das Eingehen auf andere fast erwürgt. Mit der digitalen Distanz ist es vielen fremd geworden. Wir sind an uns selbst oft mehr interessiert als an anderen.

Dass wir es verlernt haben, ist wohl auch der Grund, warum so viele Menschen für diese menschlichste aller

Zwischenmenschlichkeiten Geld zahlen. Sie buchen Coachings oder gehen in Therapien, um soziale Zugewandtheit zu erfahren, an der es ihnen im Alltag mangelt. Jeder ist so damit beschäftigt, soziale Zugewandtheit der anderen zu vermissen, dass er ganz auf die eigene Zugewandtheit den anderen gegenüber vergisst. Ein erstaunlicher Effekt, in einer Welt, in der so viel über Empathie geredet wird.

In dem Angebot an Coaches, Therapeuten und Psychologen reihen sich zusehends auch Philosophen ein. Die philosophische Sicht der Dinge findet immer mehr Interesse, was vermutlich an den Stars dieser Geisteswissenschaft liegt. Die Hörerschaft der Vorträge und Podcasts von Richard David Precht ist längst zutiefst sechsstellig. Die steirische Philosophin Lisz Hirn führt sehr erfolgreich eine Praxis mit philosophischer Beratung. Und Albert Kitzler hat mit *Nur die Ruhe! Einfach gut leben mit Philosophie* einen Bestseller geschrieben, in dessen Rahmenhandlung er die Gespräche mit seinen Klienten einer fiktiven Philosophin in den Mund legt. Ich kann es nur empfehlen.

Kitzler ist für mich überhaupt ein bemerkenswerter Mann. Er hat Jus und Philosophie studiert, war Anwalt und Filmproduzent, der für einen Kurzfilm sogar einen Oscar bekommen hat, bis er *Maß und Mitte, Schule für philosophische Lebensweisheit* gegründet hat, sich seitdem nur noch der Verbreitung des antiken Weisheitswissens widmet und Bücher schreibt.

Nur die Ruhe! beschäftigt sich vorwiegend mit den Stoikern und ihren Gedanken zu einem ruhigen, gelungenen Leben. Die Leute erfahren in der Begegnung mit seiner fiktiven Protagonistin das Wesen der Stoa, wir werden noch ausführlicher dazu kommen.

Und sie erfahren in der Begegnung mit ihr Ruhe.

Ruhe spüren wir in unseren Erfahrungen mit der Zugewandtheit bei den Begegnungen in den nicht geschützten Werkstätten namens Gesellschaft ganz selten. Im Alltag lässt sich der Bedarf danach kaum decken. Wir leben aneinander vorbei. Im Grund hört einer dem anderen längst nicht mehr richtig zu.

Im Smalltalk fällt es noch nicht so auf, dass wir zeitweise nicht einmal mehr eine Ahnung davon haben, wovon in diesem Sprachgeplänkel gerade die Rede ist. Wir sind so geübt darin, uns mit nichtssagenden Floskeln zu versorgen, dass wir sogar glauben, uns gut verstanden zu haben.

Das höre ich von meinen Klienten, das beobachte ich tagtäglich, und das kenne ich auch von mir selbst, obwohl ich es mir im Zuge meiner Arbeit zum Großteil abgewöhnen konnte.

Unsere Kommunikation hat sich oft auf ein Vorgeben von Zuhören reduziert. Wir tun, als wären wir ganz beim anderen, sind aber nicht einmal bei uns selbst.

Was uns guttun würde, ist Gesprächsweisheit. Wir kennen sie, wenn wir uns mit jemandem unterhalten, den wir schätzen, mögen, gernhaben, der uns etwas zu sagen hat, und dessen Meinung uns interessiert.

Gesprächsweise wird zu Gesprächsweisheit.

Doch selbst dabei kann es passieren, dass die Gedanken abschweifen und wir streckenweise nicht mehr bei dem sind, was gerade erzählt wird. Wie der Blick oft im Zeilenverlauf eines Buches weiterwandert, obwohl das Gehirn beim Streit von gestern oder dem Einkauf von morgen ist. Wir nehmen nicht mehr auf, was andere sagen, wir hören es nicht einmal mehr, es dringt bloß an unser Ohr.

Es mag Unkonzentriertheit sein, die uns gerade ablenkt, Stress, Hektik, Chaos. Oder auch Selbstverliebtheit, Selbstdarstellung, Selbstüberhöhung. Geltungsdrang ist ein Kind unseres Egos. Es will Aufmerksamkeit, und zwar auch die, die wir anderen geben sollten. Die Folge ist, dass wir uns unserem Gegenüber gar nicht zuwenden *können.*

Rein physikalisch betrachtet, ist ein Wechselspiel untereinander unumgänglich. Zwischen Lebewesen ebenso wie zwischen Gegenständen. Wir reagieren aufeinander, das geht in der Natur gar nicht anders.

Ein kleines Experiment dazu. Stellen Sie sich kurz einmal zwei Gitarren vor, platzieren sie sie nebeneinander vor Ihrem geistigen Auge. Schlägt nun jemand bei einem der Instrumente die dickste Saite an, das tiefe E, dann beginnt die E-Saite der anderen Gitarre mitzuschwingen. Hält man das Schwingen der Saite auf dem ersten Instrument an, dann schwingt die E-Saite auf der zweiten Gitarre trotzdem weiter. Lässt man die gestoppte Saite wieder los, schafft es die weiterklingende Saite, die erste wieder mitzureißen, und die beiden klingen gemeinsam aus.

Das ist das Wesen der Resonanz. Das Wort Resonanz kommt aus dem Lateinischen und bedeutet widerhallen. Mitschwingen, Reaktion, Echo, wenn man es etwas weiter fasst.

Ein Naturgesetz, das jedes Kind beherrscht. Schaut man in einen Kinderwagen und lächelt ein sechs Monate altes Baby an, lächelt es zurück. Resonanz. Egal, ob jemand *Gully-Gully* sagt oder *Ja-wo-isser-denn?* Resonanz. Wen das Thema interessiert, der möge einen Blick in das Buch *Wie wir werden, wer wir sind. Die Entstehung des menschlichen Selbst durch Resonanz* des Neurologen Joachim Bauer werfen. Soziale Zugewandtheit ist Resonanz.

Haben Sie ein Tier zu Hause? Einen Hund oder eine Katze? Liegt sie gerade neben Ihnen, während Sie lesen? Schauen Sie dieses ruhende Geschöpf einmal genau an. Ein Tier ist der beste Resonanzkörper. Manche Menschen meinen, nur im Mitschwingen entlang lebendiger, funktionierender Resonanzachsen können wir wahres Glück erfahren, und das stimmt auch.

Diese Zugewandtheit biete ich meinen Klienten an. Ich orientiere mich dabei auch an der berühmten Schauspiellehrerin Stella Adler, die Filmgrößen von Robert De Niro bis Christoph Waltz ausbildete. Für mich sind die 22 Lektionen, die sie in ihrem Buch *Die Schule der Schauspielkunst* zusammenfasst, mehr als Methoden, die nur Schauspieler vor der Kamera oder auf der Bühne nutzen. Ich sehe in ihnen Lebensweisheiten im Umgang mit Menschen und verwende sie auch in den produktiven Dialogen mit meinen Klienten. Unsere Bühne ist der therapeutische Raum.

Allein Adlers Auffassung von Kommunikation ist eine Regieanweisung fürs Leben. »Kommunikation«, schreibt sie, »bedeutet, jemanden anderen das sehen zu lassen, was Sie selbst sehen. Wenn ich über hoch gewachsene Bäume mit schönen, großen, gelben Zitronen spreche, sehen Sie sie dann vor sich? Ja, Sie kommen gar nicht umhin, sie zu sehen. Alles, was Sie auf der Bühne sagen, muss genau so deutlich sichtbar sein.«

Der Funke der Spontanität

Und plötzlich gibt es den Augenblick, in dem wir bereit sind, in unserem Leben Ruhe zu schaffen.

In der Therapie hat die soziale Begegnung eine wichtige Funktion. Einerseits, weil die Leute den Mangel fühlen und extra deshalb kommen. Hier hört mir jemand zu, hier interessiert sich jemand für meine Themen und Probleme, hier geht es eine Stunde lang ausschließlich um mich. Die durch Begegnung initiierte Erwärmung bewirkt in der Therapie eines Tages so etwas wie den Status Nascendi. In der Chemie ist das der Zustand von Stoffen im Augenblick ihres Entstehens, in dem sie besonders reaktionsfähig sind. Umgelegt auf die Klienten ist es der Punkt, an dem die Lust an der Problemlösung erwacht. Auf einmal ist sie da. In manchen Therapien wird das Spontanität genannt.

An diesem Punkt ist therapeutisch sehr Wesentliches erreicht. Denn erst die Kreativität holt die Leute aus ihrem Problem. Zu keinem Zeitpunkt davor hatte diese Kreativität entstehen können, weil die Spontanität dafür gefehlt hat.

Ein Beispiel.

Ein 47-jähriger Mann wird jeden Morgen von seiner Mutter angerufen.

»Was löst das bei Ihnen aus?«, frage ich.

»Es macht mich nervös«, sagt er.

Ich frage: »Wie reagiert Ihre Mutter, wenn Sie nervös werden?«

Sie werde auch nervös, das Gespräch verlaufe nicht gut, beide legten frustriert auf. Und so kann es Morgen um Morgen weitergehen, wenn der Punkt des Handelns nicht erreicht wird.

Die Lösung ist nicht, nicht mehr abzuheben oder einen Streit vom Zaun zu brechen. Abwendung oder Streit ist Konfrontation. Ausweichen geht auch nicht. Man muss sich dem Problem stellen.

Die Spontanitätslösung ist Begegnung, ein liebevolles Ansprechen der eigentlichen Befindlichkeit. »Mama, alles ist gut, ich bin dir für so vieles dankbar, aber bin ich 47, ich kann auf mich selbst schauen, bitte, ruf mich nicht jeden Tag an. Wenn ich was brauche, melde ich mich bei dir; wenn du was brauchst, meldest du dich bei mir.«

Anderes Beispiel.

Eine 28-jährige Frau wird von ihrer Chefin mit Arbeit bombardiert.

»Wie reagiert die Chefin, wenn Sie ihr das sagen?«, frage ich.

»Gar nicht, ich sage es ihr nicht.«

»Wieso sagen Sie es ihr nicht? Was bräuchten Sie dazu?«

Im geschützten Raum der Therapie spielt man die Szene weiter. Regie führt die Klientin, das ist ein Naturgesetz in der Therapie. Die Grundidee der Lösung kommt immer von den Protagonisten, alles andere wäre Manipulation, nicht Therapie. Die Rolle der Therapeuten ist nun das sogenannte Doppeln. Man stellt sich hinter den Sessel und gibt den Leuten Rückendeckung, damit sie aussprechen können, was sie aussprechen sollen. Wir simulieren das Gespräch.

»Liebe Chefin«, sagt die Klientin, »Sie bombardieren mich mit Arbeit, die ich nicht bewältigen kann.«

Oft passiert hier schon die Befreiung, zumindest fühlen die Leute die Erleichterung.

»Herrlich«, sagt auch diese Klientin.

»Was ist das Herrliche?«, frage ich.

»Es ist so erleichternd, es auszusprechen.«

Von hier führt der Weg direkt ins Leben.

Ruhe heißt auch, unangenehme Dinge zu benennen und zu handeln, um sie zu bereinigen. Kleine und große. Das kann ein tropfender Wasserhahn sein, den niemand repariert, oder der Bambus, der vom Nachbargrundstück ständig Wurzeln in den eigenen Garten schlägt. Das kann ein polterndes Kind in der Etage über uns sein, dessen Lieblingsspiel es ist, die Esstischsessel umzuwerfen, oder ein schmerzendes Überbein, das jeden Schritt vermiest. Im Großen ist das Aus-dem-Weg-Schaffen wieder nur ein Synonym für die Entscheidung zur inneren Ruhe. Schauen wir uns ein paar solcher Entscheidungsgeschichten an.

Eine Mutter zweier Kinder hat 18 Jahre lang an einem Arbeitsplatz ausgeharrt, den sie so sehr hasste, dass sie unter somatischen Würgereizen litt, die sich mit hässlicher Regelmäßigkeit jeden Sonntag einstellten und mit all ihrer Abscheu die neue Woche ankündigten. Die Beschwerden wurden mit der Zeit so unerträglich, dass sie in die Dekompensation mündeten. Der Körper der Frau konnte die Folgen, die ihm die psychische Situation auferlegte, nicht mehr regulieren, sie wurde ernstlich krank.

Als sie sich soweit erholt hatte, dass sie in die Reha entlassen werden konnte, wurde in der Firma auf Kündigung entschieden. Es war die Entscheidung für die innere Ruhe, wenn auch nicht sie es war, die sie traf.

Entscheide ich mich oder wird über mich entschieden? Für mich ist das die erste Grundfrage, die es zu stellen gilt. Sie entscheidet darüber, ob wir selbst Verantwortung für unser Leben übernehmen, oder ob wir es wieder anderen überlassen. Es ist wie der Unterschied zu gehen oder geschubst zu werden. Die Königsdisziplin ist es, aus dem Problem herauszuschreiten.

Trotzdem war die Beendigung des Arbeitsverhältnisses die richtige Lösung für unsere zweifache Mutter mit ihren sonntäglichen Würgereizen. Selbst mit den Geldsorgen, die sie als Alleinerzieherin jetzt hatte, fühlte sie sich erleichtert. Und damit sind wir bei der zweiten Grundfrage, die der Entscheidung am häufigsten entgegensteht: Kann ich mir die innere Ruhe überhaupt leisten?

In unserem Beispiel war die Antwort darauf vorerst ein klares Nein. Das Wirtschaftliche war im Leben der Mutter nicht annähernd definiert, schon gar nicht geregelt. Sie hatte weder einen neuen Job noch eine Ahnung, was als neuer Job überhaupt infrage käme. Doch obwohl sie derart in der Luft hing, fühlte sie sich durch die Entscheidung nach wie vor erleichtert.

In der Analyse stießen wir auf ein interessantes Phänomen. Wir sahen uns in der Vergangenheit ihrer Familie um und fanden bei ihrer Mutter eine verblüffende Parallele. Auch sie war gekündigt worden und hatte danach drei Jahre lang einen Job gesucht.

Die Sache ging gut aus. Letztlich dauerte es bei der Tochter nicht annähernd so lange. Sie fand innerhalb von ein paar Monaten einen Job, der ihr zusagte, und mit dem sie sogar ausgesprochen erfolgreich war. Wobei ich erfolgreich nicht im herkömmlichen monetären, sondern im Sinn eines geglückten Lebens meine: Sie fühlte sich nun wohl in ihrem Leben, und das an ein und demselben Arbeitsplatz, den sie von da an bis zur Pension innehatte. Ohne jegliches Würgen an den Sonntagen. Sie ging täglich gern zur Arbeit, ein Gefühl, das sie zuvor gar nicht gekannt hatte.

Eine andere Dame, zufällig auch alleinlebend und Mutter, bekam als Komplizen den Kairos. Sie erinnern sich, wir haben ihn schon kurz gestreift. Für die alten Griechen war der Kairos der richtige Zeitpunkt für eine Entscheidung.

Die Frau arbeitete im Filmgeschäft bei einer kleinen Produktionsfirma. In einer an sich schon stressigen Branche kam sie auch noch an einen Chef, der seinen Stress eins zu eins an seine Mitarbeiter weitergab und sie zeitweise sehr respektlos behandelte. Es zeigten sich zwar noch keine Sonntagssymptome wie in unserem ersten Fall, doch die Arbeit war zusehends mit Kopfweh verbunden. Als sie in einem Meeting wieder einmal vor allen anderen und wegen eines Fehlers, den sie gar nicht begangen hatte, heruntergeputzt wurde, hatte sie genug. Genau genommen fand der Kairos darin das Stichwort zu seinem Auftritt. Es war so weit: Es reichte. Wortlos stand sie mitten im Meeting auf, öffnete langsam die Tür und verließ den Konferenzraum. Bevor sie die Tür hinter sich schloss, sagte sie ruhig und sicher: »Einen schönen Tag noch, ich kündige.«

Im Aufzug, erzählte sie mir später, war es dann vorbei mit ruhig und sicher. Dort kamen ihr die Auswirkungen dieser Entscheidung erst so richtig zu Bewusstsein. Ihre Knie begannen zu zittern, es fiel ihr schwer, die Taste fürs Erdgeschoss im Lift zu drücken, so kraftlos war sie auf einmal. Die Abwärtsfahrt vom Dachgeschoss ins Parterre dauerte gerade einmal eineinhalb Minuten. Aber sie reichten aus für die Wandlung, die solchen Befreiungsschlägen oft folgt. Selbst in dieser kurzen Zeit schlich sich eine unendliche Leichtigkeit ins Zittern des ersten Schocks. Sie hatte zwar spontan gehandelt, aber die Entscheidung hatte sich längst in ihr aufgebaut. Bis Kairos befand, das sei der richtige Augenblick.

Auch bei ihr war die finanzielle Situation nicht im Geringsten geklärt. Das Arbeitsverhältnis war ein permanentes, aber sehr loses gewesen. Sie war weder angestellt, sodass sie Anspruch auf Arbeitslosenunterstützung gehabt hätte, noch hatte sie je einen Vertrag unterschrieben. Wie es unter Freischaffenden eben so ist. Sie hatte mehrere Projekte und Kooperationen mit mehreren Firmen, aber nichts davon war so einträglich wie das, was sie eben hingeschmissen hatte.

Ohne dieses Honorar würde sie schon im Monat darauf einen kleinen Lottosechser brauchen. Zwei Tage später bekam sie aus völlig anderer Ecke ein Angebot, das alle ihre Probleme löste. Die Ruhe hatte die Zugbrücke in ihre innere Burg heruntergelassen.

Nicken Sie jetzt gnädig und denken an die Erfolgsgeschichten, von denen die sozialen Medien überquellen? Alle so positiv, dass man sich schon direkt jemanden wünscht, der etwas so richtig in den Sand gesetzt hat. Natürlich gehen nicht alle diese Beispiele derart positiv aus, von den missglückten liest man bloß nichts.

Andererseits kenne ich auch kein einziges, das wirklich im Desaster geendet hätte. Und es ist nicht immer die letzte Weisheit, wirklich tabula rasa zu machen. Oft genug bringt allein schon ein Gespräch die Lösung. Versetzung in eine andere Abteilung, anderes Team, neues Projekt, Teilzeitvariante, Homeoffice. Möglichkeiten gibt es immer.

Die Eigeninitiative ist deshalb so wichtig, weil sie den Unterschied ausmacht, ob man Spielball der Ereignisse ist oder das Tor zum Sieg selbst öffnet. Sich zu entscheiden heißt, sein Leben selbst zu gestalten. Der Platz am Steuerrad steht nur einem selbst zu, niemand anderem.

Was werden denn die anderen sagen?

Die Meinung anderer hat
keinen Zutritt zur inneren Burg der Ruhe.

Die Ruhe ist ein glückliches Single-Geschöpf, das zwar mit uns zusammenlebt, aber ansonsten das tut, was ihr Name sagt: Sie widmet sich der Ruhe. Ihr Daseinszweck ist sie selbst.

Der Weg in die innere Festung ist kein gemütlicher Bummel. Wie ein echter Weg zu einer Burg führt er uns schmal, steinig und steil bergauf und zeigt uns bei jedem Stolperer, wie leicht man wieder nach unten rollen könnte, um von vorne anzufangen.

Die Steine im Weg sind das eine, die vielen Pfade, auf denen man sich verirren kann, das andere. Ständig biegt ein neuer Weg links oder rechts ab, der viel bequemer aussieht. Und überall steht jemand, der uns genau dorthin lotsen will.

Wie die Eintrommler vor den Lokalen einer Restaurantmeile, die den Urlaubern verklickern wollen, dass die Pommes hier die besten auf der Insel sind. Erst, wenn wir genau hinsehen, kommt uns der angepriesene Weg oft unangenehm bekannt vor, bis wir erkennen, dass er in eine Richtung führt, aus der wir schon einmal gekommen sind. Diese Pommes kennen wir, und sie waren nicht die besten auf der Insel.

Wenn die Burg in unserem Inneren liegt, kann man sich jetzt fragen, wieso finden wir dann so schwer hin?

Meiner Erfahrung nach fehlt es uns nicht an der Orientierung. Es fehlt uns daran, dass wir nicht nur die Adresse des Ziels nicht kennen, wir wissen gar nicht, was das Ziel ist. Wir suchen eine Burg, ja. Am Ort der inneren Ruhe, ja bitte. Aber wo wir uns hinwenden sollen, erschließt sich uns nicht, oft genug kennen wir nicht einmal die Himmelsrichtung. Wir haben keine Ahnung, wo sich die verkehrsberuhigte Zone befindet, die wir so dringend finden wollen.

Vor allem wissen wir auch nicht, welche Art von Burg wir überhaupt brauchen, um Ruhe nachhaltig in unser Leben zu integrieren. Wie sieht es dort aus? Ist es eine gemütliche Ruine, in der ein Platz für ein Lagerfeuer genügt für den wärmenden Seelenfrieden? Oder ist es ein Schlösschen mit Hinterglaskamin und Lümmellandschaft aus echtem Leder? Für die meisten wird es irgendwas dazwischen sein.

Individuell. Persönlich. Einzigartig. Das ist der Ort der inneren Ruhe für jeden von uns. Paradox daran ist, dass sich die Irrwege dorthin so gleichen. Die Pfade, auf denen wir gern in die Unruhe abbiegen, sind für uns alle ungefähr dieselben. Wir alle kennen den Weg, der zu den laschen Pommes frites führt. Nur den Weg zu den knackigen, saftigen finden wir nicht. Und das kann nicht nur daran liegen, dass die Unruhe die besseren Wegweiser hat.

Landkarten aus der Vergangenheit

Ich glaube an eine emotionale DNA, die vererbt wird. Die relativ junge Wissenschaft der Epigenetik bestätigt das. Die Epigenetik ist eine Art Codierungsvorgang. Alles, was wir erleben, ist in unseren Genen gespeichert, und ich meine wirklich alles, jedes einzelne Ereignis über ein ganzes Leben hinweg. Und diese Gen-Informationen geben wir weiter. Die nächsten Generationen werden davon ebenso geprägt wie wir selbst.

Wir vererben sie.

Vielleicht kann man es sich besser vorstellen, wenn wir es als Genverpackung sehen. Professor Johannes Huber, Gynäkologe, Hormonspezialist, Theologe und Bestsellerautor, sagt, dass diese Genverpackung fast wichtiger zu werden scheint als die Gene selbst: »Die nächste Generation erbt etwas, das gar nicht in den Genen gespeichert war. Das muss man erst einmal verdauen«, schrieb er in seinem Buch *Es existiert*.

Der epigenetische Code beeinflusst im Laufe unseres Lebens die Gene so, dass sie ihre Aktivität ändern. Vielleicht finden wir deshalb so schnell Gründe gegen das, was uns die Ruhe vorschriebe.

Ruhe besteht aus dem, was wir in unserem Leben von ganzem Herzen tun wollen, und was uns erfüllt. Aber für alles, was wir in unserem Leben von ganzem Herzen tun wollen, gibt es ein Gegenargument, das uns davon abhält. Für die eine Herzenssache haben wir zu wenig Zeit, für die andere zu wenig Geld. Hier fehlt es an einer Gelegenheit, dort an der Möglichkeit. Das eine ist zu anstrengend, das andere zu aufwendig. Einmal kann man etwas nicht allein stemmen, einmal ist man nicht allein genug. Immer spricht etwas dagegen.

Alles Punkte, an denen die Ruhe uns wieder auffordert, die Entscheidung, die wir einmal für sie getroffen haben, zu erneuern. Denn aus irgendeinem Grund ist es immer ein bisschen leichter, dem Gegenargument Platz zu machen und die Herzensangelegenheit hintanzustellen. Aus solchen Gegenargumenten besteht die Unruhe. Sie sind es, die uns unruhig machen.

Machen Sie schnell die Gegenprobe. Nur so, zwischendurch.

Überlegen Sie kurz, wann Sie sich in einer Situation befunden haben, die Ihnen offensichtlich weder guttat noch ein Ruhepotenzial in sich barg. Eine

Situation, die bloß den Vorteil hatte, dass Sie sie gewohnt waren. Obwohl Sie nichts lieber getan hätten, als ihr zu entkommen, verharrten Sie in der Ungemütlichkeit. Vielleicht haben Sie mit jemandem darüber geredet. Sie haben sogar die Argumente, warum Sie das alles nicht mehr aushalten würden und dringend etwas ändern müssten, herunterbeten können. Aber noch leichter und ohne jedes Nachdenken waren letztlich die Argumente bei der Hand, die dafür sprachen, das Altbekannte weiter zu betreiben. Obwohl der traurige Ton, mit dem Sie gerade so lauthals darunter gelitten haben, noch in der Luft lag.

Kommt Ihnen das bekannt vor? Dann habe ich noch ein Gedankenspiel für Sie:

Fragen Sie sich einmal, wieso es derart einfach erscheint, alles lieber so zu belassen, wie es ist.
Welchen Einfluss haben Botschaften auf Sie, die Sie seit frühester Kindheit eingetrichtert bekommen haben?
Ich gebe Ihnen ein paar Beispiele für solche Sätze: Man kann nicht alles haben. Das würde ich an

deiner Stelle nicht machen. Schau, dass du auf der sicheren Seite bist. Nur nicht auffallen. Die Welt dreht sich nicht ausschließlich um dich. Was soll der Nachbar von uns denken? Und besonders schlimm: Spiel doch was Gescheites.
Welche Sätze waren es bei Ihnen?

Sätze wie diese wirken auf heranwachsende Menschen wie ein Programm, das gerade für den Rest des Lebens in ihnen installiert wird. Sie schleppen Material für ein Ziel mit sich, das nie ihres war und nie ihres sein wird. Machen Sie sich das bitte bewusst: Dieses Programm war nicht für Sie bestimmt.

Es sind die Glaubenssätze von Menschen, die die Möglichkeit hatten, auf Sie Einfluss zu nehmen. Und damit sich das gesamte System Ihrer sozialen Umgebung nicht aufregt, haben Sie diese Glaubenssätze artig verinnerlicht. Möglicherweise bis heute. Und was nun, können Sie jetzt fragen, was soll ich mit dieser Erkenntnis anfangen? Ich kann Sie beruhigen: Tun müssen Sie gar nichts.

Es geht nicht ums Tun, sondern bloß ums Erkennen.

Gehen Sie immer nur davon aus, dass die innere Ruhe nur bei Ihnen selbst zu suchen ist. Werden Sie sich bewusst, dass es *Ihre* innere Ruhe ist. Kommen andere Gedanken auf, die nicht Ihrem Wohlgefühl entsprechen, verscheuchen Sie sie. Mit ihnen verschwenden Sie nur Ihre Energie. Es geht bei der Reise zu Ihrem Ich nicht um andere. Und das hat nichts mit Rücksichtslosigkeit oder Egoismus zu tun. Es ist der einzige Glaubenssatz, den Sie tatsächlich brauchen, um Ruhe zu finden.

Erkennen, dass es nicht Ihr Programm ist. Das genügt schon. Erkennen, dass es die Überzeugung anderer Menschen ist, die sie da geschultert haben. Und nahezu ohne Ausnahme sind es Überzeugungen von Menschen, die ihr eigenes Herzensziel möglicherweise nie finden werden. Das traue ich mich so zu sagen, das ist meine Erfahrung als Ruhe-Experte. Und ich sehe auch ständig, woran das liegt.

Ich beobachte, wie viele Menschen permanent am Abklären sind, was andere brauchen, um eine gute Meinung von ihnen zu haben. Manchmal machen sie das bewusst, manchmal unbewusst, immer machen sie es akribisch. Ich meine damit nicht, dass sie sich anbiedern. Ich meine, dass es tief in uns drinnen sitzt, gemocht werden zu wollen. Und dafür sind wir bereit, einiges zu tun.

Es ist ein hoch energieraubendes Vorgehen. Jeden Moment kann eine Situation eintreten, für die Energie nötig ist, und sie muss schnell zur Verfügung stehen, damit wir entsprechen können. Entsprechen wollen wir, weil wir mit Paradigmen leben und sie einsetzen, um den Erwartungen anderer Menschen oder ganzer Systeme zu genügen. Wenn wir nicht unsere Ruhe als Ausgangspunkt verwenden, wird jedes Handeln mit Energieaufwand verbunden sein. Ein. Aus. Ein. Aus. Irgendwann geht uns die Kraft aus. Wie einem Akku, den man zu oft ein- und ausschaltet. Innere Ruhe benötigt keine Energie zur Lebensgestaltung. Sie gibt Energie.

Die Energieräuberin ist die Unruhe. Was aber noch gar nicht ihr eigentliches Verbrechen ist. Vor allem nämlich ist sie eine Verhinderin. Sie verhindert, dass zum Einsatz kommen kann, was einer gelungenen Lebensgestaltung dienlich ist: Die spontane Handlung ungeachtet dessen, welche Meinung dabei in der sozialen Umgebung ausgelöst werden könnte.

Die Unruhe kommt auf, weil nicht im Vordergrund steht, was man selbst für stimmig empfindet, und welche Ziele einem selbst guttun würden. Die Unruhe gibt sich nicht mit der Zustimmung aus einer Quelle zufrieden. Die Unruhe sucht nach dem Applaus der Masse. Beifall zweier Hände, die noch so laut klatschen, genügt ihr nicht. Sie hofft auf die Bestätigung von vielen, der Mehrheit, aller anderen. Sie braucht die Zustimmung aus dem Außen. Damit steht sie in krassem Gegensatz zur Ruhe.

Wer das Konzept Unruhe lange genug unbewusst anwendet, kommt eines Tages an den heiklen Punkt, an dem der Wunsch nach Anerkennung von außen verwechselt wird mit dem Wunsch nach einem Leben, selbstbestimmt von innen. Bei unruhigen Menschen schieben sich diese beiden Wünsche früher oder später übereinander, und irgendwann dominiert nicht der Wunsch nach dem Leben, das man sich selbst ersehnt, sondern der Wunsch nach Zustimmung zu dem Leben, das andere als ein gutes Leben ansehen. Und das ist nicht dasselbe.

In Beziehungen ist das ein besonders rutschiger Boden. Die Wichtigkeit der Meinung der anderen führt oft so weit, dass man gleich die anderen fragen könnte, wie es einem selbst geht.

Erwartungen, Kritik und Bedürfnisse der anderen als Regulativ für eigenes emotionales Erleben. Geht es den anderen gut, geht es auch mir gut. Als Psychiater verleitet mich das zu der Frage, was denn passiere, wenn es den anderen schlecht ginge.

Die eigentliche Frage ist, was die anderen über uns denken könnten, wenn wir verwirklichen, was uns guttut. Dazu brauchen wir den Bezug zu uns selbst, erst damit lässt sich der automatische Bezug zu den anderen minimieren.

Was allerdings nicht heißt, von nun an ausschließlich das zu machen, was uns passt. Ruhe gelingt, wenn wir die eigenen Wünsche und Vorstellungen erkennen, sie kommunizieren und dem sozialen Umfeld vertraut machen, zu ihnen stehen, Kompromisse zulassen und damit die eigenen Vorhaben ins Ziel bringen. Hören wir auf uns selbst, ändert sich auch etwas bei den Menschen um uns herum. Auf einmal werden wir als authentisch wahr- und mit unseren Ansprüchen ernst genommen. Wir spüren, dass die eigenen Entscheidungen auch in den Augen der anderen plötzlich als unumstößlich gelten.

Würden die Menschen ihrer gesunden Intuition vertrauen und ihr eigenes Ziel mit der gleichen Beharrlichkeit verfolgen, mit der sie aus Furcht vor Kritik andere in ihrer Lebensgestaltung Regie führen lassen, wären sie dort, wo sie in Ruhe sein wollten: An einem Ziel, das durch eine für sie selbst stimmige Lebensgestaltung für Ruhe sorgen kann. Sie wären in der Burg ihrer inneren Ruhe. Und könnten beim nächsten Mal, wenn sie wieder die Richtung verlieren, die Adresse dann endlich doch einfach im Navi eingeben.

Aber so einfach ist es eben nicht. Sie sind nicht so leicht zu vertreiben, die anderen Regisseure, die ständig beim eigenen Film mitmischen.

Danke, ich bin zufrieden

Wir fordern mehr Empathie für andere.
Ich rate zu mehr Empathie für uns selbst.

Nicht dingfest machen zu können, welches Bild andere von einem haben, ist in ausgeprägter Form auch Phänomen einiger Angststörungen. Dass der Flieger abstürzen könnte, ist nicht immer die primäre Angst der Betroffenen. Es ist die Angst davor, was andere denken würden, wenn man durchdreht, weil man in der Luft nicht aus dem Flieger raus kann.

Agoraphobie ist die Angst vor Orten oder Situationen, die man im Notfall nicht verlassen könnte. Eine klassische Angststörung, die noch kein Flugzeug, nicht einmal einen steckengebliebenen Lift braucht. Es reicht ein Supermarkt. Agoraphobiker schaffen es nicht, unbelastet zwischen den Regalen durchzugehen, geschweige denn, sich in der Schlange vor der Kassa anzustellen. Sie könnten zusammenbrechen oder den Einkaufswagen stehen lassen und hinausstürmen. Auch sie fürchten sich nicht nur vor dem Kollaps oder davor, aus der Situation nicht fliehen zu können. Sondern vor der Meinung der anderen über jemanden, der kollabiert oder flüchtet.

Paradox ist, dass nichts von diesen für den Betroffenen furchtbaren Vorstellungen je eintrifft. Sie kollabieren in den allerseltensten Fällen vor dem Waschmittelregal. Sie stürmen kaum einmal ohne Einkaufswagen auf den Parkplatz hinaus. Und sollte es doch passieren, würde niemand schlecht von ihnen denken. Annahmen, die sich als falsche Erwartungen herausstellen.

Erwartung ist Ent-Täuschung

Zwischen Erwartung und Enttäuschung gibt es eine Verbindung, die der Unruhe-Teufel mit uns schließt. Wir können nur enttäuscht werden, wenn wir vorher etwas erwartet haben, das nachher nicht eintritt. Wenn wir ein falsches Bild von etwas oder jemandem haben. Wenn wir also einer Täuschung aufsitzen. Wenn wir uns Illusionen gemacht haben. Illusionen stimmen mit der Wirklichkeit nie überein.

Die Illusionen, die wir uns von anderen machen, beruhen auf unseren Wertevorstellungen, die wir eins zu eins auf sie übertragen. Wir reden dabei gern von unseren eigenen Werten, aber so stimmt das natürlich nicht. Wir haben sie uns zumeist nicht selbst überlegt, wir sind von ihnen geprägt worden. Manches haben wir übernommen, manches haben wir uns etwas zurechtgerückt, bis sie zu unseren Werten wurden. Wir füttern unser Wertesystem von Kindheit an mit dem, was vorher die Meinung anderer war.

Wie oft höre ich von Klienten, die beispielsweise nichts lieber als Künstler werden wollten, dass sie von daheim ein Sicherheitsdenken umgehängt bekommen haben, das es ihnen praktisch unmöglich machte, die Unsicherheit eines Lebens als Selbständige auszuhalten. Das Mindset, das dem Genie entgegensteht, ist so banal wie wirkungsvoll: Das ist ein brotloser Beruf; ein geregeltes Einkommen hast du nur mit einem sicheren Posten. Und schon hat die Welt einen neuen van Gogh verloren und die nächste Meryl Streep ist Geografie-Professorin geworden. Nichts gegen Geografie-Professorinnen, wenn das der Traumberuf war. Ich meine nur die Geografie-Professorinnen, die eigentlich nach Hollywood wollten.

Obwohl wir meistens ganz gut erkennen, wo unsere Wertvorstellungen herkommen, erkennen wir ausgesprochen selten, wann wir sie unsererseits an andere weitergeben.

Seltsamerweise sind wir von unseren Werten dann schon so überzeugt, dass wir nichts an ihnen auszusetzen finden. Wir fragen uns nicht: Sind sie gerechtfertigt? Sind sie anderen zumutbar? Und wer gibt uns eigentlich das Recht, unsere Maßstäbe für allgemeingültig zu erklären?

Sich der eigenen Werte so sicher zu sein, klingt nach einem guten Fundament für die innere Ruhe. Meine Erkenntnis als Ruhe-Experte ist eine andere.

Erst der Anspruch, die auferlegten Werte zu ändern, bringt uns der inneren Ruhe näher.

Und hier treffen sich Werte und Zugewandtheit. Wobei ich glaube, das *treffen* hier ein zu sanftes Wort ist. Es ist eher ein Aufeinanderknallen, das stattfindet. Es gab schon lange keine Zeit mehr in unserer westlichen Welt, in der dieses Schauspiel so genau zu beobachten war wie in unseren gespaltenen Gesellschaften. Die Werte liegen genauso weit auseinander wie früher, das macht eine Gesellschaft aus, das macht Demokratie aus. Aber ich kann mich nicht erinnern, wann sie so persönlich genommen wurden wie jetzt.

Andersdenken ist Angriff. Werte, die nicht übereinstimmen, machen aus Mitmenschen Feinde. Das muss nicht sein. Ich glaube an dieses, du an jenes, aha, erklär mir das einmal, könnte eine Lösung sein von Mensch zu Mensch. Sofern die beiden es schaffen, die Überzeugung des anderen nicht als persönlichen Affront zu nehmen. Nur weil Werte sich nicht mit den eigenen decken, heißt es noch lange nicht, dass sie prinzipiell falsch sind.

Es heißt nur, dass man sie diskutieren kann. Man kann sie überdenken. Man kann sie sogar übernehmen. Sofern man dem Gegenüber seine Aufmerksamkeit schenkt, und nicht nur vorgibt, ihm zuzuhören, sondern wirklich versucht, ihn zu verstehen. Schafft man das nicht, macht die Diskrepanz unruhig. Je persönlicher der andere wird, desto mehr gibt er einem das Gefühl, dass man selbst mit seinen Überzeugungen falsch läge.

Es sind also nicht die Meinungen, die uns entzweien. Es ist die Art, wie man diese Meinungen mitteilt. Wohlwollen, Respekt, Interesse, Neugierde. Sie erinnern sich? Ohne diese Bestandteile der Zugewandtheit hat ein friedliches Miteinander keine Chance.

Für unsere Suche nach der inneren Ruhe braucht es allerdings noch ein bisschen mehr als die sachliche Ebene. Immer nur die Werte der anderen zu hinterfragen, bringt uns der inneren Burg nicht näher. Warum nicht einmal auch die eigenen Vorstellungen abklopfen? Sie neu bewerten? Sie hin und her drehen, um zu schauen, ob sie noch zu uns passen?

Wahre Selbstkritik steht nicht hoch im Kurs in unserer Empörungskultur mit ihren Bewertungsorgien. Und mit *wahr* meine ich die gesunde, zielführende Kritik dessen, was an uns zurechtgerückt werden könnte, damit es uns gutgeht. Dieses Ziel erreichen wir oft deshalb nicht, weil wir ständig darüber hinausschießen. Wir kritisieren so überbordend, dass das, was wirklich hinterfragt gehörte, im Eifer übersprungen wird. Shitstorm ist das Gebot der Stunde. Von den Likes zur Vernichtung ist es nur ein kleiner Schritt.

Verstehen Sie mich bitte nicht falsch, ich habe nichts gegen Empörung. Ich bin nur dafür, dass man sich über das empört, was einen selbst aufregt. Etwas fällt uns auf, es stört uns, es regt uns auf, wir empören uns. Das ist der natürliche Lauf der Dinge. In unserer Empörungsgesellschaft ist die Kausalität durcheinandergekommen. Etwas fällt irgendwem auf, es stört jemand anderen, es regt jemand anderen auf, trotzdem empören wir uns.

Wir leben in der Welt der anderen,
als hätten wir keine eigene.

Und oft genug erlebe ich in der Praxis: Viele haben tatsächlich keine eigene. Wir eignen uns fremde Meinungen an, als wären es Kostbarkeiten. Mitunter wächst sich das zur Hörigkeit aus, mitunter zur Faulheit. Nicht mehr selber denken können, nicht mehr selber denken wollen. Aber sich fragen, was andere über uns denken. Ein Gesellschaftsspiel wie ein Karussell.

Da fällt mir eine Geschichte ein, die ich einmal in einem Kloster erlebt habe. Ich war noch Journalist und recherchierte über das stille Leben der Karmeliterinnen.

Die Interviews verwendete ich später auch für meinen Podcast.

Bei meinem ersten Besuch fragte ich gedankenlos in die Runde: »Wie geht es Ihnen?«

Die Mutter Priorin lächelte mich an, hielt inne und sagte mit ruhiger Bedachtheit: »Danke, ich bin zufrieden.«

Wie oft stellt man diese Frage? Tag für Tag erkundigt man sich zigfach bei irgendwelchen Mitmenschen nach ihrem Befinden, ohne dass es einen im Geringsten interessiert. Ein paar hingeworfene Worte, auf die man eine ebenso hingeworfene Antwort erwartet. Eine der wenigen Gelegenheiten, bei denen die Erwartung ausgesprochen niedrig ist.

Man kann also auch nicht ent-täuscht werden. Im Gegenteil. Von der Karmeliter-Nonne kam mehr, als ich gedacht hatte. Eine ehrliche Antwort und ein Lächeln.

Einen Augenblick lang war mir die Sache sogar peinlich. So belohnt zu werden, wenn man es doch gar nicht ernst gemeint hat, löst kurz Unbehagen aus. Dann wunderte ich mich. Ich sah mich in der Umgebung dieser zufriedenen Klosterfrau um. Sie hatte am Gemüsebeet gearbeitet, Salat geerntet, vielleicht für ein schlichtes gemeinsames Mittagessen. Hinter ihr auf der Wiese standen zwei Kühe. Mehr war da nicht. Und sie stand vor mir mit ihrem Salat und ihrem Lächeln und sagte: »Danke, ich bin zufrieden.«

Zufrieden im Sinne der Herkunft des Wortes, es kommt von *zu Frieden setzen,* gleichbedeutend mit zur Ruhe bringen.

Damals war ich schon auf meiner Suche nach der Ruhe, und es hat mich bekräftigt, weiterzumachen. Ich begriff, dass da jemand genau über sein Befinden Bescheid wusste. Die Mutter Priorin wusste, welches Gefühl in ihr herrschte, und sie wusste, dass es ihr guttat. So einige Menschen wissen weder das eine noch das andere, weil sie keinen Bezug zu sich haben. Die eigenen Bedürfnisse und Erwartungen sind durch die der anderen ersetzt worden. Es gibt kein Regulativ mehr, mit dem sich herausfinden ließe, was sich innen abspielt. Das eigene emotionale Erleben hat einer Projektion Platz gemacht.

Versuchen Sie es selbst:

Stellen Sie sich diese einfache Frage. Und beantworten Sie sie wirklich ehrlich. Führen Sie einen kleinen Dialog mit sich selbst. Vielleicht finden Sie sich in diesem hier wieder:
»Wie geht es mir?«
»Danke, nicht ganz so gut heute.«
»Wieso?«
»Ich weiß nicht, es gibt eigentlich keinen Grund dafür.«
»Sicher?«
»Naja, vielleicht hat mich ein Gespräch beeinflusst. Mit einem Freund, dem ging's nicht so gut.«

»Wirklich, wieso?«
»Ganz allgemein, die Zeit, in der wir leben; die Sorgen, die wir alle haben.«
»Habe ich diese Sorgen auch?«
»Eigentlich nicht.«
»Warum geht es mir dann schlecht?«

Empathie mit uns selbst. Warum nicht. Mit anderen mitzufühlen ist gut für uns Menschen, da gibt es Studien drüber. Wir könnten das doch auch einmal mit uns selbst probieren und mit uns mitfühlen.

Kleiner Zwischenstand

Was wir bis jetzt über die innere Ruhe wissen.

Sie ist ein leises Geschöpf und scheut den Trubel um uns. Sie lässt sich zu nichts zwingen, nicht einmal bitten.

Sie will ersehnt werden.

Sie will, dass wir uns für sie entscheiden.

Sie ist geduldig und wartet, bis wir so weit sind.

Sie orientiert sich nicht an anderen, sie ist nur auf uns eingestellt. Sie ist eine Individualistin. Sie ist einzigartig.

Sie ist unabhängig.

Sie ist ein Freigeist.

Sie mag keine Erwartungen.

Sie misstraut dem Perfektionismus.

Sie liebt die Langeweile.

Sie ist die Mutter der Kreativität. Wir wissen, dass sie in unserer inneren Burg wohnt, auch wenn wir sie noch nie dort besucht haben. Und das holen wir jetzt einmal nach.

Stellen Sie sich vor, Sie können die Ruhe, die Sie anstreben, schon jetzt erleben. Und dann stellen Sie sich vor, es fragt Sie jemand, wie sich das anfühlt. Wie würden Sie es beschreiben?

Es ist keine Frage des Nachdenkens. Und Nachdenken meine ich im Sinne von Grübeln. Lassen Sie das Grübeln einmal beiseite, es ist Ihnen jetzt keine Hilfe. Ich will Ihnen auch nicht mit Hinspüren und Hineinfühlen kommen. Darum geht es gar nicht. Es geht um eine bloße Annahme, ein Tun-als-ob. Simulieren Sie. Nehmen Sie an, Sie können die Ruhe tiefer und intensiver spüren als bislang. Tun Sie so, als wären Sie jetzt im Ruhemodus. Mehr ist es nicht. Nur ja keine Ansprüche an die Realität. Geben Sie Ihrer Fantasie einfach ein bisschen Raum.

Als Alfred Hitchcocks Lieblingsschauspielerin Ingrid Bergman in seinem Film *Notorious* nicht wusste, wie sie mit ihrem Kleid durch eine Tür passen sollte, rief der Regisseur: »If you can't do it naturally, then fake it, baby, fake it.« Manchmal wird die Geschichte auch in Zusammenhang mit seiner zweiten Lieblingsschauspielerin Grace Kelly erzählt. Für uns ist es egal, wichtig ist die Regieanweisung: Wenn Sie es noch nicht auf natürliche Weise können, dann tun Sie eben so als ob. Da bin ich ganz bei Hitchcock.

So tun als ob

Das Phänomen des Simulierens oder die Faszination der Surplus Reality.

Ihre Gedanken, das ist wissenschaftlich bewiesen, beeinflussen einen Teil Ihres Stressregulativs, nämlich das vegetative Nervensystem mit seinen beiden Bereichen, dem Sympathikus und dem Parasympathikus. Die beiden wirken wie Yin und Yang im Körper. Der eine wäre aufgeschmissen ohne den anderen, und wir wären aufgeschmissen ohne ihr Zusammenspiel.

Der Sympathikus ist der Unruhestifter in unserem Organismus, und das meine ich jetzt gar nicht negativ. Er ist der Motor, der uns auf Touren bringt, uns darauf vorbereitet, Leistung zu erbringen. Er feuert die Organe an. Das Herz, damit es schneller schlägt. Die Lunge, damit sich die Atemfrequenz erhöht. Den Darm, damit er die Verdauung auf später verschiebt. Alles, was aktiv sein soll, wird mit Strom versorgt. Der Sympathikus ist der Drillsergeant für unsere Höchstleistungen.

Der Parasympathikus ist der Meister der Entspannung. Wie sein Gegenspieler entspringt er im Gehirn und bringt die Informationen über die Nervenbahnen zu den Organen. Seine Message ist: nur die Ruhe, Kollegen und Kolleginnen, runterfahren, relaxen, ruhen. Er besänftigt die

Organe. Das Herz, damit es seine Schlagzahl senkt. Die Lunge, damit sie ausschnauft. Die Verdauung, damit sie wieder langsam loslegt. Er sagt dem Körper: Alles ist gut. Der Parasympathikus ist der Burgherr der inneren Ruhe.

Die beiden Nervensysteme sind keine Propheten. Sie wissen nicht von sich aus, wann sie sich die Ärmel aufkrempeln sollen. Sie bekommen Information für ihre Einsätze. Und es sind unsere Gedanken, die sie beeinflussen. Sie können Ihr vegetatives Nervensystem nicht willentlich und unmittelbar steuern. Sie können aber Ihre Gedanken willentlich ordnen und lenken, wie Sie es möchten.

Wie jetzt, fragen Sie sich womöglich, gerade hat es geheißen, wir sollen nicht grübeln, und nun geht's um Gedanken?

Grübelei und Gedanken sind nicht dasselbe. Beim Grübeln zermartert man sich das Hirn nach etwas, das mit dem Verstand oft gar nicht zu lösen ist. Wohlwollende Gedanken wirken sich auf unsere emotionale Homöostase aus, auf das Gleichgewicht unserer Körperfunktionen. Wenn Sie sich um Ihre Gedanken kümmern und nur die zulassen, die dieses Gleichgewicht nicht stören, wird das die innere Ruhe dazu bewegen, zwischen ihren Zinnen hervorzulugen. Sie wird Ihnen einen Vorgeschmack darauf geben, wie ihre Anwesenheit sich anfühlen wird. Und es ist, das können Sie mir glauben, ein Gefühl, das Sie nie mehr missen wollen. Sie werden mehr davon haben wollen.

Die Sucht nach der inneren Ruhe ist die einzige Sucht, die dem Körper wohltut.

Wir denken dabei immer vom Ziel aus. Unser geistiger Ausgangspunkt ist die Szene, die wir erleben wollen. Ich habe das unbewusst gemacht, als ich mir sagte, dass ich aus diesem Radiostudio auch einmal herausplappern werde wie Gotthard Rieger. Ich habe es mir nur vorgestellt, wie ich den letzten Prüfungsschein meines Medizinstudiums in der Hand halten werde, und wie ich als Psychotherapeut auf meinem Sessel sitzen und einen Kaffee trinken werde, bevor ich mit der Arbeit beginne. Ich fragte mich nicht, wie ich dorthin kommen würde, ich sah es vor mir, als wäre ich schon dort.

Es ist nicht einmal ein Sehen, es ist ein sicheres Gefühl. Wie fühlen sie sich an, die Ereignisse im Leben, die letztlich die sind, die Ruhe stiften. Nicht hinterfragen, nicht überlegen, was passieren muss, damit sie eintreten, einfach nur gefühlt schon dort sein. Durch dieses Vorfühlen nehmen wir schon im gegenwärtigen Moment die Emotionen wahr, die wir haben werden, wenn die Ereignisse Realität werden.

Und obwohl es ein heftiges Begehren ist, brauchen Sie sich weder dafür genieren noch ein schlechtes Gewissen deswegen zu haben. Im Gegenteil. Es steht Ihnen zu. Sie erinnern sich: Die innere Ruhe ist ein Menschenrecht. Sie dürfen nur nicht darauf warten. Sie müssen es von sich verlangen.

Wie also würden Sie es beschreiben, wenn Sie jetzt jemand fragte, wie es sich anfühlt?

> Wie ist der Zustand, den Sie sich jetzt vorstellen?
> Was bringt es zutage, dieses Tun-als-ob?
> Welche Emotionen kommen auf?
> Wie manifestiert sich die ersehnte Ruhe in Ihrem Körper?
> Können Sie dieses neue Gefühl der friedlichen Gelassenheit spüren?
> Und wenn ja, wo?
> Nehmen Sie sich bitte Zeit. Gehen Sie dieser Annahme, die letztlich Ihr Ziel sein soll, nach und versuchen Sie, sie möglichst genau zu beschreiben. Malen Sie es sich aus. Schaffen Sie ein inneres Bild.
> Es ist ein Bewusstwerden.
> Lassen Sie sich darauf ein.

Wie ist es Ihnen gelungen? Konnten Sie sich einlassen auf dieses Tun-als-ob, mit dem Sie sich Ihre innere Ruhe vorgegaukelt haben? Hat es geklappt, sind Sie ein ganzes Stück weitergekommen auf Ihrem Weg.

Hat es nicht geklappt, machen Sie sich keinen Kopf, denn genau das war wahrscheinlich die Hürde. Obwohl die Ruhe dank dem Parasympathikus im Hirn entspringt, ist sie keine Kopfsache. Ich werde auf den nächsten Seiten noch darauf eingehen.

Aber der Reihe nach. Was heißt das eigentlich, sich keinen Kopf zu machen, wenn man doch die Gedanken fließen lassen soll?

Ich darf Sie einmal kurz in die Praxis mitnehmen.

Ich tauche bei der Arbeit mit meinen Klienten oft zusätzlich zum Coaching-Prozess in die sogenannte Surplus Reality ein. Es ist eine besondere Wirklichkeit, die sich da auftut. Als hätten sich Realität, Wunsch, Zukunft, Vergangenheit, Traum und Vision verabredet, um dem Psychodrama ein paar Bühnen mehr zu verschaffen. Auf diesen Probebühnen werden dann keine Alltagsdramen aufgeführt, der Spielplan geht immer darüber hinaus. Surplus. Mehr.

»Im Psychodrama können auch Erfahrungen gemacht werden, die über die Wirklichkeit hinaus ein neues und umfassenderes Wirklichkeitserleben ermöglichen ... der Wirklichkeits-Mehrwert bedeutet ... eine Bereicherung der Realität durch eine Intensivierung und lebendige Anwendung der Imagination.« So beschrieben es Christoph Hutter und Helmut Schwehm in ihrem Buch *J. L. Morenos Werk in Schlüsselbegriffen*.

Von diesem Jacob Levy Moreno stammt die Idee zur Surplus-Realität als einem Modus der Erfahrung, der über die Realität hinausreicht. Moreno ist der Arzt und Soziologe, der das Psychodrama begründete. Er hatte dabei die

Bereicherung der Realität durch die Imagination im Sinn, um es ganz unkompliziert auszudrücken.

Ich habe viele berührende Momente erlebt in der Arbeit mit der Surplus Reality, weil sie bei den Menschen so viel Vertrauen aufbaut. Die Vorgangsweise ist im Alltag nicht unbekannt.

Es ist eigentlich Visualisieren auf hohem Niveau.

Genau wie Sie es bei unserem Zwischenstand gemacht haben. Sie können es jederzeit in vielen Situationen anwenden, die Ihnen die innere Ruhe verschrecken könnten. Wenn Sie etwas aufregt oder Ihnen Kummer bereitet, können Sie sich die Frage stellen, wie sich das jetzt darstellen würde, wenn Sie in ruhigem Zustand wären. Wie würde sich der Unmut, der Zorn dann auswirken? Hunderte Male ist Ihnen vermutlich in Ihrem Leben schon geraten worden, eine Nacht über etwas zu schlafen, und danach sähe die Welt mit Sicherheit anders aus. Exakt das meine ich. Einen Zustand, als hätten Sie darüber geschlafen.

Visualisieren ist ein alter Hit. Ich bin nicht der Erfinder des suggestiven Denkens, das haben schon Jahrhunderte vorher Menschen für sich und andere entdeckt. Ich habe nur den Vorteil, dass ich beruflich viel Erfahrung damit habe, und weiß, wie man damit arbeitet. Ich habe Ihnen schon von den Mittwochs-Gruppen in meiner Praxis erzählt und der Selbstkompetenz des Menschen in Sachen Beruhigung. Man kann sie auch die Kompetenz der Selbstfürsorge nennen. Jedenfalls ist es etwas, das wir in uns haben, und das uns erlaubt, den inneren Frieden zu erlangen.

Wie genau sich dieses suggestive Denken in ein Ziel verwandelt, lässt sich einfach erklären:

Vertrauen Sie auf Ihre Gedanken und achten Sie darauf, womit Sie sie füttern und womit nicht.

Geht man dem Prozess mehr auf den Grund, dann klingt es so, wie es Alica Ryba und Gerhard Roth in ihrem Buch *Coaching und Beratung in der Praxis* beschreiben: »Nur ein unbekannter und potenziell wichtiger Reiz gelangt zur detaillierten Erarbeitung in das Bewusstsein ... In den assoziativen Arealen, in denen sich das deklarative Gedächtnis befindet, trifft der Reiz auf kognitive und emotionale Gedächtnisinhalte ... Dadurch wird ein bedeutungshafter Zustand hergestellt.«

Kurz gesagt: Wann immer wir einen Reiz empfangen, entscheidet unser Gehirn, wie wichtig er ist. Können wir ihn brauchen oder gehört er in die Kategorie des unnötigen Wissens? Um das zu prüfen, schieben wir ihn weiter, sozusagen ins Archiv, und lassen dort durchrasseln, ob er zu irgendwas passt, was wir schon gespeichert haben. Je mehr Zusammenhänge wir finden, desto wichtiger wird der Reiz. Gleichzeitig überprüfen wir, welche Gefühle das Signal bei uns auslöst. Tut sich emotional nichts, wird der Reiz nicht wichtig genug gewesen sein, um viel Aufmerksamkeit von uns zu bekommen. Je mehr Emotionen aber mit dem Reiz verbunden sind, desto bedeutender wird er. Sind inhaltlich und emotional genügend Verbindungen vorhanden, entscheidet das Gehirn, dass es sich um eine bedeutende Mitteilung handeln muss, die mit diesem Reiz übermittelt wurde.

Und das können wir uns zunutze machen. Indem wir Gedanken mit guten Gefühlen verknüpfen, manifestieren sie sich. Sie setzen sich fest und zeigen sich irgendwann. Und das ist gut so. Auf einen emotionalen Reiz, der Ärger hervorruft, nie gleich zu reagieren, ist jetzt keine neue Weisheit, aber sie ist immer noch hilfreich.

Mir als ehemaligem Heißläufer haben die Ansätze von Viktor Frankl geholfen. Zwischen dem Reiz, der die Unruhe in Form von Ärger oder Wut auslöst, und der Reaktion darauf, liegt eine Zeitspanne. Beim Heißläufer eine denkbar kurze. Sie zu verlängern, gibt ihm Zeit zur Entscheidung: Will ich wirklich jemandem in der Sekunde den Kopf abreißen, oder kann ich die Sache auch anders lösen? Vielleicht hat die Person einen schlechten Tag, eine schlechte Nachricht bekommen oder eben auch ihre Wehwehchen. Die soziale Zugewandtheit erlaubt es uns, darauf Rücksicht zu nehmen, und hilft uns damit in der Verarbeitung des Reizes und in unserer Reaktion darauf. Emotionen nicht ausufern zu lassen, ist die hohe Kunst der Stoiker, wir werden dazu später noch kommen.

Das Ende des Affekts bewusst abzuwarten, ist schon die eine gute Strategie. Schafft man es dann auch noch, auf den Kairos zu setzen, den günstigsten Zeitpunkt, den die alten Griechen auch als Gottheit personifiziert haben, steht man vor der Burg der inneren Ruhe schon so gut wie auf der Zugbrücke.

Wann immer der Kairos beschließt, sich zu zeigen: Wenn er da ist, ist das immer jetzt. Und so liegt auch der Erfolg des Ruhefindens in der Gegenwart. Die Vergangenheit wird uns diesbezüglich nichts Neues erzählen. Ruhe ist hier und jetzt. Wenn nicht, ist die Unruhe an ihre Stelle getreten. Und auch der Umgang mit der Unruhe findet hier und jetzt statt. Ich beziehe mich da auf die Überlegung des New Yorker Neurowissenschaftlers Bruce McEwen, demzufolge »das Gehirn das Organ ist, das entscheidet, welche Erfahrungen stressig sind«. Und das tut es immer – jetzt.

Sie können also ruhig davon ausgehen, dass auch Ihr Gehirn in jedem Augenblick entscheidet, welche Erfahrungen Ihnen als stressig erscheinen werden und welche nicht. Gerade jetzt, während Sie diese Zeilen lesen, empfangen acht Milliarden andere Menschen ebenfalls Reize, die bestimmen, wie Unruhe wahrgenommen wird oder eben nicht.

Welche davon Sie als negativ abspeichern, entscheiden Sie selbst, in dem Sie Ihre Gedanken regulieren, um den unangenehmen davon den Wind aus den Segeln zu nehmen.

Greifen Sie nicht entscheidend ein, kann es sein, dass die positivste Nachricht irgendwo im Gedankengang durch den Fleischwolf gedreht wird und in anderer Konsistenz herauskommt, immer durchmischt mit dem Pfeffer des Zweifels. Meistens beginnt es mit einem Aber.

Aber warum kann ich dann nicht wirklich an das Positive glauben?

Aber weshalb kann ich nicht ...

Aber wieso gelingt mir nicht ...

Aber warum ...

Aber ...

Die Antwort ist: Weil der Mensch sich mit nichts so schwertut, als mit dem Glauben an das Gute, das auf ihn wartet. Wir rechnen nicht mit dem Schönen im Leben, weil es sich bei allem Schlimmen über den Daumen gesehen gar nicht ausgehen kann, dass das Schöne oft genug eintrifft. Man würfelt eben nicht hundert Sechser und dazwischen ein, zwei Dreier. Deshalb leuchtet ein weit verbreiteter Glaubenssatz so ein: Besser gewappnet für das Schlechte, als enttäuscht von der Abwesenheit des Guten.

Wir widmen uns den für uns nicht konstruktiven Lebenskonzepten mit weit mehr Begeisterung als den positiven.

Wir versinken leichter in Sorgen und Missmut als in der Annahme, dass die Zukunft glücken wird.

Die Sozialpsychologie nennt das Phänomen Negativitätsbias. Es gibt eine Menge Studien darüber, und in allen zeigt sich, dass wir das Negative mehr in unser Mindset integrieren als das Positive. Es ist ein ebenso intensives wie kollektives Unvermögen, das zu präferieren, was uns Leichtigkeit und Lebensfreude verspricht. Es ist kein Einzelschicksal, dem Negativen nachzuhängen, es betrifft sogar weitaus mehr Menschen als bislang angenommen. Nicht einmal Optimisten können sich gänzlich gegen diese Tendenz wehren. Selbst bei gleicher Intensität bleiben negative Reize, Auffassungen oder Bewertungen um ein Vielfaches länger im Gedächtnis als die mit dem Stempel positiv, leicht und lebensfroh. Es ist mein Ziel, mit diesem Buch das Positive ins Leben zu ziehen.

In meiner Arbeit als Mentor, aber auch als Arzt und Psychotherapeut, habe ich immer wieder erkennen müssen, dass eine innige Sehnsucht nach Hoffnung und der Glaube an ein gelingendes Lebenskonzept, das in der

Zukunft liegt, für viele Klienten schwer umzusetzen ist. Schon deshalb ist mir das Wünschen zu wenig. Wünschen kann man sich viel. Inständig zu hoffen, erscheint mir als die richtigere Strategie. Das ist für mich die Definition in Bezug auf eine Herzensangelegenheit. Es ist eine Angelegenheit des Herzens anzukommen, wo wir uns von Herzen hinsehnen.

Eine wahre Geschichte

Ein Arzt, der Fahrräder repariert,
und ein Radwechsel von Berthold Brecht.

Was ersehnt sich Ihr Herz? Ich möchte das bewusst so pathetisch fragen. Kitschig, wenn Sie wollen. Aber das, was wir uns von ganzem Herzen erhoffen, lässt sich eben kaum sachlich ausdrücken. Hören Sie mit dem Herzen zu, wie der Unterschied klingt: Ich wünsche mir viel Geld. Wird das Herz damit glücklich sein? Ich ersehne mir, zu erkennen, wer ich wirklich bin und dazu stehen zu können. Für mich ist das die Sprache, die das Herz besser versteht.

Die Diskrepanz zwischen Wünschen und Ersehnen ist mit dem Thermometer zu messen.

Ersehnen heißt, für etwas zu brennen. Wünschen ist dagegen etwas fast Lauwarmes. Für etwas zu brennen, bedeutet, es geht nicht anders. Man hört das oft von Schauspielern. Generell sagt man es den kreativen Berufen nach. Sie hat keine andere Wahl, sie muss schreiben. Er kann nicht anders, er muss malen, um er selbst zu sein. Ohne die Flammen dieser Leidenschaft ist die Welt zu kalt, und man erfriert. Das ist auch gemeint, wenn man jemandem rät: Du kannst alles sein, wenn du es nur wirklich willst. Meistens glauben alle, das sei dann auch mit einem Haufen Geld verbunden, das man damit verdient. Ob man von dem, wofür man brennt, auch leben kann, ist eine andere Frage.

Allerdings muss man nicht unbedingt malen oder schreiben können, um das Brennen zu spüren. Einer meiner Klienten war als Intensivmediziner und Anästhesist in einem Krankenhaus tätig und spürte seit Beginn der Ausbildung, dass dieser Beruf ihn nicht glücklich machen würde.

Vielmehr spürte er, dass er Magenschmerzen und Verdauungsprobleme hatte, nicht schlafen konnte und seiner Umwelt zynisch und aufbrausend entgegenkam. Er war in seinem Leben nicht zufrieden.

In unseren Gesprächen stellte sich rasch heraus, dass er seit frühester Kindheit den Wunsch hatte, Fahrräder zu reparieren und zu verkaufen. Es ging ihm darum, sein handwerkliches Geschick auszuleben, und er schätzte den unmittelbaren Nutzen eines reparierten und wieder einsatzfähigen Fahrrades. Allein der Gedanke daran befriedigte ihn. Vierzig Jahre später war sein Wunsch immer noch am Glühen. Sein Leben war ein komplett anderes, es stimmte in nichts mit diesem Wunsch überein. Gemeinsam konnten wir ausarbeiten, was er sich erhoffen würde.

Was er unbedingt leben wollte. Er war aus vollem Herzen Radspezialist.

Bei seiner imaginären Reise sah er sich gedanklich in einer kleinen Radwerkstatt, an die ein Verkaufsraum angeschlossen war. Sich darin von einem Problem mit der Schaltung zu einer defekten Bremse zu bewegen, mit ölverschmierten Fingern Ketten zu spannen oder Menschen beim Fahrradkauf zu beraten, brachte ihn ins Schwärmen. Man spürte, wie wohl er sich in dieser Als-ob-Realität fühlte. Was ihn aufgehalten hat, diese Szene in die Realität umzusetzen, war das ständige Verweilen im Zweifel. Er hatte als Anästhesist ein fixes Einkommen. Jahrzehnte hatte er ins Studium und die Ausbildung gesteckt. Das alles aufzugeben, um fortan Fahrräder zu reparieren, war schon ein Sprung, zu dem man eine Menge Mut brauchte.

Ich sah auch bei ihm, was ich bei den meisten meiner Klienten erlebe. Erst, wenn man sie darauf aufmerksam macht, dass sie sich viel zu ausgiebig in der oft nicht geglückten Vergangenheit aufhalten, und der Zukunft zu wenig Sehnsucht nach der Freude schenken, wird ihnen bewusst, dass dem Handeln im Jetzt wenige Möglichkeiten geboten werden.

Ihr Handeln im Jetzt besteht darin, sich klarzumachen, dass eh alles in Ordnung sei. Dass ohnehin nichts zu ändern wäre. Der Unruhe steht ein riesiges Doppelflügeltor offen, durch das sie hereinquillt wie das Wasser bei einer Flut. Das Türchen, das zur inneren Burg der Ruhe führt, ist schmal und mit drei Schlössern gesichert. Zu meinem Klienten habe ich übrigens ein Gedicht von Bertolt Brecht gefunden, das wie für ihn geschrieben wirkt:

Der Radwechsel
Ich sitze am Straßenhang.
Der Fahrer wechselt das Rad.
Ich bin nicht gern, wo ich herkomme.
Ich bin nicht gern, wo ich hinfahre.
Warum sehe ich den Radwechsel mit Ungeduld?

Seltsame Analogie, nicht? Brecht will nicht sein, wo er herkommt, und er mag nicht hin, wo er hinfährt. Sein Zwischenreich ist das Jetzt, und dort ist er ungeduldig. Da an der Vergangenheit nichts mehr zu verändern und es nicht möglich ist, Geschehenes rückgängig zu machen, zahlt es sich aus, die Einstellung der Zukunft gegenüber als vorrangiges Ziel zu betrachten. Das glückt ausschließlich in der Gegenwart. In einer ruhigen, emotional nicht aufgewühlten Gegenwart.

Wäre Brecht mein Klient, würde mich interessieren, was ihn jetzt ungeduldig macht.

Kleiner Zwischenstand

Was wir bis jetzt über die Unruhe wissen.

Wir wissen nun auch schon einiges über die Unruhe.

Unruhe ist das Unvermögen, im Augenblick zu leben.

Unruhe ist unser größter Energieräuber.

Die Bandbreite der Unruhe ist endlos.

Das Bemühen um Ruhe ist schon wieder Unruhe.

Unruhe kann nicht dort sein, wo Langeweile ist.

Die Unruhe sucht nach dem Applaus der Masse.

Die Unruhe ist ein Narzisst.

Die Unruhe ist ein Motor, der uns zu schnell ist.

Unruhe ist alles, was wir als unstimmig empfinden.

Unruhe ist das Gegenargument für alles, was wir von ganzem Herzen wollen.

Unruhe ist die Verhinderin einer gelungenen Lebensgestaltung.

Erst die Unruhe zu kennen, macht den Weg für die Ruhe frei.

Fällt Ihnen etwas auf? Wir wissen über die Unruhe gar nicht so viel wie über die Ruhe. Erstaunlich, nicht? Wo sie uns doch so piesackt. Und wo wir doch solche Schwierigkeiten haben, zur Ruhe zu finden.

Meine Arbeit mit den Ruhesuchenden besteht vorwiegend aus Nachfragen. Um die Ruhe zu finden, müssen wir erkennen, was uns unruhig macht. Nur dann können wir es ausmerzen und den Weg in die innere Burg freimachen.

Wenn Sie jetzt meinen, dass ich die besseren Fragen habe, dann kann ich Sie beruhigen. An der Kompetenz des Nachfragens mangelt es nicht. Es mangelt vielmehr an der Idee des Nachfragens an sich. Interessanterweise kommen wir gar nicht auf den Gedanken, uns bei anderen genauer zu erkundigen, wo sie der Hafer gerade sticht.

Sicher, ein gepflegtes Plauderstündchen bei einem Caffé Latte wäre so eine Fragestunde oft nicht. Es sind mitunter unangenehme Antworten, die wir mit unserem Interesse herauskitzeln könnten. Vielleicht ist es das, was wir scheuen. Andererseits wären wir mit einer solchen Gesprächskultur eher in der Lage, uns mehr abzugrenzen gegen alles, in das wir uns jetzt meistens fügen. Und damit meine ich die Fragesteller ebenso wie die Gefragten. Es täte uns allen gut zu lernen, dass wir ab und zu auch einmal sagen könnten, wenn uns etwas gerade nicht angenehm ist. Das steht uns nämlich zu. Es gehört mit zum Menschenrecht der Ruhe, das wir viel mehr einfordern sollten. Und das geht durchaus auch ruhig und respektvoll.

»Entschuldige bitte, das tut mir jetzt nicht gut.«

Ich habe lange überlegt, wieso wir das nicht öfter tun, mich eingeschlossen. Ich denke, es liegt an unserem Einschätzungsvermögen. An unserer Bewertung von Situationen und Emotionen.

Die Art, wie wir urteilen, hat ein System, aber keine festgeschriebenen Regeln. Sie ist nicht objektiv. Die Richtlinien sind individuell. Je nach den dazu abgespeicherten Informationen in unserem Archiv im Gehirn interpretieren wir das, was rund um uns geschieht. Jede kleine Geste hat ihren Kontext in unserem Gedächtnis, der die Dinge beeinflusst, färbt oder gar ins Gegenteil wenden kann.

Ein Beispiel.

Stellen Sie sich vor, Sie sitzen mir gegenüber. Sie erzählen mir von Ihrer Unruhe, und auf einmal werden meine Augen ganz schmal und ich kneife die Brauen zusammen. Sie denken sich, meine Güte, ist der Stuller heute grantig.

Ihre Realität.

Wir reden weiter. Sie erzählen mir mehr über Ihre Unruhe. Ich kneife wieder die Augen zusammen. Sie denken sich, meine Güte, warum kneift der Stuller schon wieder die Augen zusammen? Habe ich irgendetwas gesagt, was ihm nicht passt?

Ihre Interpretation.

Aufgrund dieser Interpretation entstehen Emotionen. Sie spüren, wie sich ein schlechtes Gewissen regt, weil Sie glauben, etwas Falsches gesagt zu haben. Etwas, das mich verärgert, beleidigt oder kränkt. Oder einfach nur nervt, weil Sie mir das mit Ihrer Unruhe schon so oft erklärt haben, und Sie immer noch mit denselben Hürden kämpfen, über die Sie schon vor Wochen nicht drüber kamen.

Erst recht Ihre Interpretation. Und das, obwohl Sie wahrscheinlich wissen, dass ich so etwas nie denken und noch weniger deshalb die Augen zusammenkneifen würde.

Die Geschichte aus meiner Seite ist eine ganz andere. Ich habe die Brille daheim vergessen und kneife die Augen zusammen, um die Tiefenschärfe ein wenig zu erhöhen und besser zu sehen.

Ansonsten bin ich blendend gelaunt. Die eigene Realität eines Menschen muss nicht mit der tatsächlichen übereinstimmen.

Sie sehen, mit der Realität müssen diese Gefühle nichts zu tun haben. In diesem Fall schon gar nicht, denn ich kneife immer die Augen zusammen, wenn ich die Brille vergessen habe und mich konzentriere. Was ich ohne Zweifel gerade tue in meiner sozialen Zugewandtheit zu Ihnen, die Sie als Missbilligung auffassen. Obwohl Sie das von mir kennen, weil wir uns schon öfter gegenübergesessen sind, nehmen Sie lieber an, ich wäre grantig. Noch dazu auf Sie.

Wie falsch wir doch liegen mit unserer Interpretation. Kein Wunder, dass das Unruhe verursacht. Auf die Wertung zu verzichten, ist die Champions League der inneren

Ruhe. Feststellen und annehmen. Stuller kneift die Augen zusammen. Aus. Es geht mit allem.

Der Chef kratzt sich hinter dem Ohr.

Es ist ein Schmerz.

Es ist ein Kalender.

Natürlich kommen wir nicht völlig ohne Wertungen aus. Wir brauchen sie, um uns in der Gemeinschaft zu orientieren. Letztlich brauchen wir sie, um Gefahren zu erkennen. Wir brauchen die Emotionen, die damit verbunden sind, um handeln zu können. Man muss sich nur dessen bewusst sein, dass Emotion und Realität nicht ein und dasselbe sind. Es könnte ja durchaus einmal sein, dass ich grantig bin. Es könnte durchaus einmal sein, dass Sie etwas gesagt haben, was mich irritiert. Aber so einfach anzunehmen ist es nicht, bloß wegen ein bisschen Augenkneifen.

Ich habe mir dieses Bewusstsein übers Kalenderschauen mit meinem Taschenkalender beigebracht. Es ist ein Kalender. Jeden Tag ein paar Minuten. Es ist ein Kalender. Irgendwann hatte ich es drauf. Ich machte es automatisch und konnte es auch auf andere Situationen umlegen. Ich wurde nicht emotionsloser, ich konnte mich nur besser daran erinnern, dass mein Gefühl mich täuschen kann.

Im Versuch, der Unruhe auf die Spur zu kommen, interessiert mich momentan etwas anderes an meinem Augenkneifen. In der Psychotherapie gibt es ein Phänomen, das wirklich oft zutrifft. Es ist zwar nicht evidenzbasiert, wird aber weithin angewandt, auch von mir. Wenn in der Therapie ein Klient, der Franzi, etwas über einen anderen, den Pauli, sagt, sagt das oft mehr über Franzi aus als über Pauli.

Was also den Franzi an Pauli beschäftigt, hat etwas mit ihm, dem Franzi, zu tun.

In der altindischen Philosophie heißt das: Mein Gegenüber, das bin ich. Der Gedanke dahinter ist, Menschen mit einem milderen Blick zu betrachten. Das gelingt, indem wir sie nicht von oben herab beurteilen, sondern uns bewusst werden, dass wir selbst Fehler haben wie sie. Es geht um die Einsicht, wie oft wir uns selbst falsch verhalten. Gelingt uns das, verändert sich unsere Einstellung den anderen gegenüber. Wir werden nachsichtiger. Wir verstehen besser. Wir kommen einander näher. Unser Verhalten wird vom Gegenüber aufgenommen, und wir sind im Einklang. Wie die beiden Gitarren, deren Saiten mitklingen, wenn dieselbe Saite am anderen Instrument angeschlagen wird. Sie erinnern sich an das Beispiel zur Resonanz?

Wertfreiheit ist einer der ambivalentesten Begriffe unserer Zeit.

Auf der einen Seite verlangen wir Wertfreiheit, wo es nur geht, auf der anderen Bewertung in allen Lebenslagen. Eine Minute, nachdem wir in einem Internetshop eingekauft haben, kommt eine SMS: *Bewerten Sie uns.* Man ist noch gar nicht in den Wagen eines Fahrtendienstes eingestiegen, erscheint schon die Bitte nach Feedback. Wobei es nicht immer eine Bitte ist. *Ihr Feedback ist uns wichtig.* Man beachte die Perspektive. Es geht nicht darum, dass jemand unsere Meinung wissen will, es geht darum, dass sie ihm nützt. Wir erleben, dass Menschen aufgrund einer Google-Bewertung pleitegegangen sind. Mehr Unruhe kann man nicht in ein Leben bringen. Für mich ist die Wertfreiheit der Ruhedünger schlechthin.

Die Nicht-Existenz des Misslingens

Haben Sie schon einmal von einem nervösen Buddha gehört? Unsere Vorbilder sind zu perfekt.

Kennen Sie eine Geschichte, in der Aristoteles, Konfuzius oder Osho einen Wutausbruch hatten? Ich nicht. Unsere Idole ruhen in sich, unsere Wegweiser sind ohne Makel. Ich kann mir allerdings nicht wirklich vorstellen, dass sie tatsächlich ohne Scheitern durchs Leben kamen. Allein schon deshalb, weil man ohne Niederlagen gar nicht vorankommt. Aber ihre Missgeschicke werden nicht kommuniziert. Aktionen, bei denen sie so richtig danebengriffen, werden in der dogmenhaften Übermittlung ihrer Erkenntnisse nicht weitergetragen. Unsere Lieferanten der Weisheit haben nichts als Gelungenes in der Biografie. Heißläufer sind keine Heiligen. Deshalb kann ich reichlich mit Misslungenem aufwarten. Und ich finde das auch wichtig.

Reibungslose Wege anderer ins Ziel suggerieren:
Schaff ich nie, was die können,
brauch ich gar nicht probieren.

Einer meiner misslungenen Versuche, der Ruhe näher zu kommen, führt uns ins Kloster. Die alten Ordensgemäuer sind zusehends zu Orten der Verheißung geworden. Wer Ruhe sucht, begibt sich in göttliche Umgebung, egal, ob im Waldviertel, im tibetanischen Hochland oder auf dem Berg Athos. Ich war vor dreißig Jahren erstmals bei den Trappisten in Engelhardtszell in Oberösterreich, einem Schweigekloster. Gefüttert mit all den geglückten Geschichten, die ich vorher darüber gehört hatte, checkte ich dort ein.

Und ich muss Ihnen sagen, es war furchtbar.

Was nicht an den Trappisten lag, im Gegenteil, alle waren reizend. Es lag an mir. Damals hatte ich mich noch nicht für die Ruhe entschieden, weder privat noch beruflich, und kannte ihre Qualität noch nicht. Ich habe sie schlicht nicht ausgehalten. Aber ich gab nicht auf. Zwei Jahre später fuhr ich noch einmal hin und empfand es diesmal als ein sehr schönes Erlebnis. Nach dem dritten Anlauf konnte ich dort in die kontemplative Ruhe eintauchen. Zwei ganze Wochen lang.

Vielleicht bin ich der Einzige, bei dem das zuerst so danebenging. Vielleicht muss man sich aber auch zugestehen, dass es nicht ganz einfach ist, solche Wege zu gehen. Vielleicht haben sich die anderen misslungenen Klostergeschichten letztlich zu Erfolgsstorys entwickelt, weil man etwas hatte, womit man weiterarbeiten konnte. Ich weiß es nicht. Bei mir hat es auf Etappen geklappt.

Die Eremitage war sehr entscheidend für mich. Und das, obwohl ich mich beim ersten Versuch nach ein paar Stunden wie auf Entzug gefühlt habe und nach ein paar Tagen sicher war, den Verstand zu verlieren. Letztlich erkannte ich die Qualität der Ruhe.

Wer es etwas alltagstauglicher braucht, kann dasselbe übrigens auch innerhalb der Familie ausprobieren. Die Familie ist der unmittelbare soziale Kontext, den wir um uns haben.

Wobei ich jetzt nicht nur die klassische Vater-Mutter-Kind-Familie mit ihren Erweiterungen meine, sondern auch sämtliche Modelle des Zusammenlebens. Da die Kleinfamilie, in welcher Besetzung auch immer, der gängigste Rahmen ist, in dem wir leben, bleibe ich weiterhin beim Begriff Familie. Denn egal, wer mit wem unter einem Dach lebt, der gemeinsame Raum ist das abgegrenzte Reich, in dem wir uns als Erstes zurechtfinden müssen.

In diesem Reich können wir in aller Feindschaft an einem Krisenherd leben oder uns rund um einen offenen Kamin versammeln, dessen Feuer uns alle wärmt. In die Familie werden wir hineingeboren, dort wachsen wir auf, dort werden wir geprägt, dort lernen wir die Unruhe kennen. Dort erfahren wir, was Ruhe ist. Oder eben auch nicht. Aus gescheiterten Familien zu kommen, kann man in unserer Gesellschaft durchaus nicht als Seltenheit ansehen.

Aber Scheitern muss nicht Unruhe durch Vernachlässigung bedeuten. Es gibt auch das gegenteilige Phänomen, die Unruhe aus Überforderung.

Das Zuviel kommt dabei aus einer wohlmeinenden Ecke, nämlich der Einstellung fürsorglicher Eltern, die für ihr Kind alles wollen. Und genau dort liegt der Irrtum. All das ist einfach zu viel für ein Kind. Es ist ein Quell der Unruhe, aus dem es nur so sprudelt. Ich will dabei gar nicht unbedingt auf den Ehrgeiz hinaus, dass die Kinder drei Sprachen sprechen müssen, bevor sie überhaupt in der Schule sind, dass sie vier Instrumente beherrschen, bevor sie bis fünf zählen können, dass sie im Kindergarten auf ein Studium in Harvard vorbereitet werden und in der Schule Wettkämpfe in fünf Sportarten gewinnen sollen. Sofern man keinen Stundenplan damit anstopft und es spielerisch geschieht, ist Vielfalt etwas sehr Gutes. Die Bandbreite an verschiedenem Wissen in einem kleinen Gehirn anzulegen, erleichtert es später, dort anzusetzen. Fängt man bei Null an, lernt es sich weit mühsamer.

Es geht mir also nicht vorwiegend darum, dass nur noch hochbegabte Kinder in die Welt gesetzt werden, in die Helikoptereltern ihre eigenen Wünsche projizieren. Meiner Erfahrung nach beginnt die Unruhe schon viel früher.

Allzu oft passiert es heute, dass Kinder schon in sehr jungen Jahren Verantwortung übernehmen müssen. Zu einem Zeitpunkt, da sie noch gar nicht fähig sind, Verantwortung zu tragen und auszuhalten. Und dann kann etwas Symbiotisches entstehen.

Ein Beispiel.

Der sechsjährige Sohn eines getrennten Paares lebt seit zwei Jahren bei der Mutter, die nicht über das Scheitern ihrer Beziehung hinwegkommt. Täglich sieht er seine Mutter am Fenster stehen. Traurig raucht sie eine Zigarette, oft weint sie, noch öfter erzählt sie ihm, wie weh es tue, dass sein Vater sie verlassen habe und wie schwierig alles sei. Gott sei Dank habe sie ihn. Der Kleine tröstet und beruhigt die Mutter und übernimmt damit eine Verantwortung, die zu tragen einem Kind gar nicht möglich ist. Es ist Aufgabe von Familie oder Freunden, der Mutter über diese Zeit zu helfen, jedenfalls von Erwachsenen. Aus dieser Vorgeschichte entsteht eine Symbiose. Und vierzig Jahre später lebt derselbe Sohn noch immer bei seiner Mutter.

Ist das ein Boden, auf dem Ruhe wachsen kann? Ich denke nicht. Ich habe vielfach gesehen, welche Unruhe das erzeugen kann. Ich spreche also aus einem psychiatrischen, einem psychotherapeutischen und einem persönlichen Kontext.

Entwicklungsgeschichtlich betrachtet, ist in diesem frühen Stadium auch die Angst beheimatet.

Unruhe und Angst sind eng miteinander verbunden, wir werden noch mehr davon hören. Die Verantwortung ist in dieser Phase ein zusätzlicher Trigger. Für mich bedeutet es, dass Eltern ihre Probleme an der falschen Stelle ausleben.

Ein Beispiel. Der Vater einer zehnjährigen Tochter ist Alkoholiker. Seine Kräfte lassen nach, immer wieder kommt es vor, dass er Tage im Bett verbringen muss. Die Mutter weiß sich kaum noch zu helfen. Um nicht auch noch die Nachbarn auf die Probleme in der Familie aufmerksam zu machen, nimmt sie die Tochter beiseite und sagt: »Wenn dich wer fragt, sagst du den Leuten, dass der Papa Grippe hat und deshalb im Bett liegt.«

Und die Leute fragen tatsächlich, sie läuten an der Tür und erkundigen sich nach dem Vater. »Mein Papa hat Grippe«, sagt das Mädchen.

Für das Kind wäre es stimmiger, wenn die Mutter ihre Notlüge selbst erzählen würde. Die Tochter übernimmt damit die Verantwortung, die ihre Mutter tragen sollte. Eigentlich müsste sie hinausgehen und erklären: »Mein Mann ist schwer krank.«

Ruhe und Körper sind eine Einheit.
Unruhe und Körper auch.

Wenn wir Unruhe spüren, meldet sich gleichzeitig immer auch unser Körper. Was an sich noch nichts Beunruhigendes ist. Ob wir wollen oder nicht, das vegetative Nervensystem und der Hypothalamus, ein Abschnitt des Zwischenhirns, werden aktiviert. Auch das ist nichts Schlimmes. Es bedeutet, dass unsere Leistungskapazität auf eine Herausforderung, eine Gefahr, vorbereitet ist. Säbelzahntiger, Sie wissen schon.

Wir können das sympathische Nervensystem beeinflussen, aber nicht unmittelbar lenken oder gar stoppen. Wenn wir in einer von außen betrachtet noch völlig harmlosen Situation Unruhe spüren, sind wir also schon in einem sympathikotonen Zustand. Es macht dabei keinen Unterschied, ob wir uns in einer klassischen Angstsituation befinden oder einfach nicht zur Ruhe finden können.

Überbringer der Botschaften im Körper sind Hormone, die das sympathische Nervenkonstrukt ausschüttet. Sie kennen die beiden Hauptdarsteller, es sind Adrenalin und Noradrenalin, sogenannte Katecholamine. Zusammen mit dem Stresshormon Cortisol, verschiedenen Eiweißen und weiteren Botenstoffen, mit denen ich Sie jetzt nicht langweilen will, lassen diese Stars in dem Naturschauspiel namens Unruhe und Stress eine gewaltige Maschinerie anlaufen. Für uns fühlt es sich etwa so an, als wäre der Hase vor dem Fuchs auf der Flucht und schlüge in uns drinnen seine Haken. Atem und Puls werden schneller, die Muskeln spannen sich an, die Verdauung wird zurückgefahren. Klar, der Hase könnte sich auch nicht erlauben, mitten im Rennen aufs Klo zu gehen.

Nun brauchen wir unsere Erfahrungen, die wir im Gedächtnis gespeichert haben. War da schon etwas dabei, was uns jetzt helfen könnte? Wenn ja, geht alles schneller. Wir müssen nicht lange überlegen, wie wir reagieren sollen, die bekannten Sequenzen aus dem Archiv diktieren es uns. Mitunter auch dann, wenn es gar nicht nötig ist. Sehr früh erlebte Stressphänomene drängen sich oft vor, auch wenn sie das Geschehen eigentlich gar nichts angeht. Sie kennen das vermutlich. Es fühlt sich an, als wären vier Füchse hinter sechs Hasen her. Ein ausgesprochen unangenehmes Gefühl.

Etwas Ähnliches passiert übrigens, wenn uns das Wasser im Mund zusammenläuft, nur umgekehrt. Unsere Unruhe hat da gerade vorübergehend wenig zu melden. Das Phänomen des Speichelflusses entsteht, wenn der Gegenspieler des Sympathikus, der Parasympathikus, das Ruder übernommen hat. Die beiden lenken nicht nur Unruhe und Ruhe in uns, sie lassen uns das auch als fein oder furchtbar empfinden. Der Parasympathikus ist dabei unser Wohlfühlsystem.

Ich schenke Ihnen ein Bild dazu: Spüren Sie, dass der besänftigende Parasympathikus aktiviert ist, heißt das im selben Moment, dass der warnende Sympathikus etwas zurücktritt und die Bühne seinem Gegenspieler überlässt.

Einmal zur Angst und wieder zurück

Unruhe ist keine Krankheit. Sie kann uns nur krank machen.

Hoher Puls, Kopfschmerzen, Schlafstörungen, Schweißausbrüche, Hitzewallungen, Zittrigkeit, Schwindel, Migräne, Übelkeit, Konzentrationsprobleme, das alles sind handfeste Symptome, die der Unruhe zugeschrieben werden. Ein Medikament gegen die Unruhe gibt es nicht. Zumindest keines, das direkt auf sie abzielt.

Trotzdem hat die amerikanische Pharmaindustrie um den Jahrtausendwechsel herum begonnen, das Geschäft mit der Unruhe zu nutzen. In einer groß angelegten Werbekampagne wurde ganz Amerika mit seltsamen Fragen konfrontiert. Etwa: *Stellen Sie sich vor, Sie reagieren allergisch auf Menschen.* Und vor allem: *Sie erröten, schwitzen, zittern, sogar das Atmen fällt Ihnen schwer. So fühlt sich soziale Angststörung an.*

Naja, würden wir vermutlich alle antworten, es kommt schon vor, dass ich erröte, schwitze, manchmal auch zittere.

Gegenstand der flächendeckenden Werbespots war ein Medikament, das 1999 von der US-Arzneimittelbehörde zur Behandlung der sozialen Angststörung zugelassen wurde. Eigentlich keine große Sache, denn bis 1994 hatte so gut wie niemand eine Vorstellung davon, was soziale Angststörungen überhaupt waren. Der Begriff tauchte bis dahin nur etwa fünfzigmal in der Massenpresse auf, wie Scott Stossel in seinem Buch *Angst. Wie sie die Seele lähmt und wie man sich befreien kann* schrieb. Fünf, sechs Jahre danach seien es dann schon Hunderttausende von Erwähnungen gewesen.

Ein Pharmakonzern, der viele Millionen Dollar in diese Kampagne steckte, verdiente mit dem Bekanntmachen der Diagnose soziale Angststörung und mit dem Mittel dagegen weit mehr als viele Millionen Dollar. Nachdem in der Werbekampagne, die sich nicht nur an die Öffentlichkeit, sondern zusätzlich direkt an Psychiater richtete, auch behauptet wurde, dass schon mehr als zehn Millionen Amerikaner an der neuen Krankheit litten, nahmen die Verschreibungen des neuen Medikaments, wie Scott es nennt, explosionsartig zu. Bis 1980 sei in den USA kein einziges Mal soziale Angststörung diagnostiziert worden. Heute schätzt man, dass zehn Prozent der US-Amerikaner im Laufe ihres Lebens an einer sozialen Angststörung leiden. Die Methode, Krankheiten quasi zu erfinden und damit einen Markt für ein Medikament zu schaffen, ist keine Seltenheit. Man nennt es Disease Mongering.

Ich möchte jetzt keine Missverständnisse aufkommen lassen. Ich bin in keiner Weise gegen Antidepressiva. Depressionen und andere Erkrankungen, bei denen diese Medikamente angewandt werden, leisten den Menschen, die darunter leiden, gute Dienste. Ich bin nur gegen eine Pathologisierung. Jedes Wehwehchen als Zeichen einer Krankheit zu deuten, ist nicht nötig. An sich gesunden Menschen Antidepressiva zu geben, weil sie in Gruppen ein Gefühl der Unruhe spüren, finde ich nicht jederzeit vertretbar.

Nicht jeder, der unruhig ist, ist krank.
Aber jeder, der krank ist, verspürt Unruhe.

Das ist keine philosophische Annahme, das ist ein Fakt. Unruhe ist ein Symptom, das sich im ICD bei vielen Erkrankungen findet. Ich blättere einmal schnell durch. Unruhe zeigt sich bei Demenz, bei Delir, bei Angststörungen, bei Panikstörungen, bei Phobien und anderen Diagnosen.

So oft Unruhe auch als Symptom vorkommt, als Diagnose gibt es sie nicht. Unruhe ist kein Symptom, das zu einer Diagnose führt, sondern ein Symptom, das die Lebensgestaltung pathologisch beeinflusst. Ob wir wollen oder nicht, die Körperlichkeit der Unruhe macht uns den Weg zur inneren Ruhe und damit auch zur Gestaltung unseres Lebens nach unseren Vorstellungen nicht einfacher.

Besonders interessant finde ich in dem Zusammenhang die Alexithymie, zu Deutsch Gefühlsblindheit. Menschen leiden dabei unter einer Lesestörung der Emotionen. Sie können ihre Gefühle weder erkennen noch erleben und oft auch nicht verbalisieren. Ein Symptom dieser Gefühlsblindheit ist: Unruhe.

Im Rahmen meiner Beschäftigung mit der Angst halte ich auch Vorträge zu dem Thema. Allerdings kam ich bald dahinter, dass die Angst nur ein kleiner Teil dessen ist, was mich wirklich beschäftigt. Interessiert hat mich vor allem, dass kein Angstpatient in sich ruhend ist. Und so ist mir die Angst geblieben, als Feindin der Ruhe.

Dabei gratuliere allen Klienten, die eine gesunde Angst haben. Wenn sie vor einem zähnefletschenden Hund nicht die Flucht ergreifen oder sich bei Blitz und Donner nicht instinktiv einen sicheren Unterschlupf suchen, müsste man sich schon Sorgen machen. Angst ist überlebenswichtig, ebenso wie die Unruhe. Sie ist intuitiver als Angst, aber auch eine wichtige Mitteilungszentrale der nicht gelungenen Lebensgestaltung. Bezeichnend finde ich, dass der Zustand der Ruhe mit etwas erreicht werden kann, das gegen die Angst entwickelt wurde.

Mein therapeutisches Konzept für Angstpatienten ist die Ruhe.

Und sie wird, wenn nötig, künstlich erzeugt, mit Benzodiazepin. Diese Tranquilizer stellen das her, wonach sich nicht nur jeder Angstpatient, sondern in Wahrheit die gesamte Menschheit sehnt. Wir alle wollen so leben, als schluckten wir permanent Benzos. Ihre vier Eigenschaften sind im Groben alles, was wir brauchen. Sie sind angstlösend, relaxieren die Muskeln, entspannen generell und fördern den Schlaf. Bingo. Genau das macht einen ruhigen Menschen aus. Und genau deswegen machen sie in höchstem Maße abhängig.

Es gibt allerdings etwas, das nicht abhängig macht und den Parasympathikus aktiviert. Es hilft bei den ganz normalen Ängsten, die wir alle haben. Und es hilft vor allem, um sich herunterzufahren und dem Sympathikus seine Pausen zu verordnen. Es ist eine Intervention, die eigentlich von Manfred Stelzig stammt, einem Kollegen, Psychiater, Neurologen und Psychotherapeut, der heute als Bestseller-Autor bekannt ist. Die Intervention heißt: die Polster- oder Schoßplatzübung.

Sie ist ein mittlerweile oft angewandtes Tool, wenn es gilt, psychosomatische Grundbedürfnisse bei Menschen zu stillen. Stelzig meint: »Wenn die Dinge des Lebens zu hart, zu fordernd, zu ungerecht, zu bedrohlich werden, entsteht die Sehnsucht in den Arm genommen, getröstet und gestreichelt zu werden, das Verlangen, Schutz und Geborgenheit zu empfinden.«

Kurz der Ablauf:

Sie stellen sich die Frage: Welcher Teil in mir ist unglücklich, unruhig, aufgeregt oder ängstlich, und welche Emotion ist gerade aufgewühlt? Dann legen Sie sich einen großen Polster auf den Schoß, umarmen ihn, reden ihn mit Ihrem eigenen Vornamen an und sprechen quasi zu sich selbst: »Ich schütze dich, ich streichle dich, ich tröste dich, ich wiege dich.«

In meinem Fall zum Beispiel geht damit der große vernünftige Michael mit dem kleinen Michael in den Dialog. In dieser scheinbar banalen Handlung liegt ein unglaubliches Potenzial, um der inneren Ruhe Gutes zu tun.

Kein Mensch dieser Welt kann dem Herzen befehlen, bei Unruhe gefälligst langsamer zu schlagen. Niemand kann dem Körper verordnen, weniger zu schwitzen. Wir können die Speicheldrüse nicht dazu überreden, dass uns das Wasser im Mund zusammenlaufen soll. Aber wir können ein Trockentraining veranstalten, mit dem wir uns für den Unruhefall vorbereiten. Wenn Sie regelmäßig versuchen, Ihren Parasympathikus anzuwerfen, werden Sie in Stresssituation leichter darauf zurückgreifen können.

Innerlich ruhig zu werden ist Konzentration

Die Entscheidung für die Ruhe ist eine tägliche Übung. Wer sich für sie entscheidet, trifft sie immer wieder, immer wieder. Das ist eine Tatsache, die niemandem erspart bleibt. Und daneben betrachten Sie es wie lesen zu lernen oder Rad zu fahren. Sollte Ihnen jemand die Ruhe ohne jeden Aufwand auf dem Silbertablett anbieten, seien Sie misstrauisch. Ruhe zu suchen und zu erhalten, ist aufwendig, aber sie lässt sich nun einmal nicht herbeipfeifen.

Wenn Sie Spitzenathleten beim Laufen zusehen, können Sie beobachten, mit welcher Leichtigkeit, mit welcher Anmut sie sich bewegen. Oder denken Sie an Turnerinnen. Mit welcher Selbstverständlichkeit sie die akrobatischsten Bewegungsabfolgen abspulen. Als wäre die Schwerkraft ausgeschaltet. Von der Vorarbeit, der es bedarf, sieht man da nichts mehr. Die Stunden um Stunden in den Jahren und Jahren, in denen sie sich ihre Fähigkeiten angeeignet haben. Ganz gleich ist es mit dem Ruhetraining, wenn das auch mit wesentlich weniger Schweiß verbunden ist. Irgendwann wird Sie Ihr willentlich nicht beeinflussbares Nervensystem die Erleichterung spüren lassen, die sich im Lauf der Zeit einstellt. Es ist ein Gefühl von Erdung und eine Lust, dieses Gefühl jederzeit in Anspruch nehmen zu können.

Zu Beginn aber ist es eben ein Trockentraining. Sie müssen erst einmal erkennen lernen, auf welchem Ruhe- oder Unruheniveau Sie sich gerade befinden. Anstrengend ist es nicht. Und es braucht nicht mehr als einen Ort, an dem Sie nicht gestört werden und ein paar Minuten Zeit für sich haben. Das ist meiner Erfahrung nach anfangs die größte Schwierigkeit. Ein paar Minuten aus dem Stress herauszufischen.

Betrachten Sie die wenigen Minuten ab jetzt als Ihren größten Zeitschatz.

Ich arbeite mit Managern, die mitunter ein Dutzend Flüge pro Woche im Kalender stehen haben. Selbst sie schaffen es, sich kurz Zeit zu nehmen, um den Stand ihrer Ruhe oder Unruhe festzustellen. Die meisten finden es wesentlich effizienter, sich kürzer und öfter am Tag Zeit zu nehmen als einmal am Stück länger.

Die Lösung heißt: wenig, dafür aber regelmäßig.

Es geht ums Wahrnehmen, beobachten Sie Ihre Sinnesorgane dabei, was sie gerade leisten. Versuchen Sie, diese Arbeit zu benennen. Was hören Sie? Wo spüren Sie Kontakt am Boden? Einfach nur benennen, damit vertreiben Sie den Ärger am wirkungsvollsten aus Ihrem Mindset.
Werden Sie von Gedanken gepiesackt und abgelenkt, seien Sie nicht zu streng mit sich. Und ärgern Sie sich nicht. Es ist ein Gedanke, der Sie ablenkt, mehr nicht.

Ihr Auftritt, bitte

Haben Sie Lust auf ein paar Techniken, die mir persönlich sehr geholfen haben?

Wenn ja, möchte ich noch einmal Stella Adler bemühen und Ihnen eine ihrer Lektionen aus *Die Schule der Schauspielkunst* mitgeben, die auch meine Einstellung zu Übungen an sich auf den Punkt bringt. Adler geht es nicht darum, dass ihre Schüler die Übungen machen, »sondern sie in dem Bewusstsein von etwas Umfassendem zu machen. Entweder lernen Sie, jeder Übung so viel Achtung entgegenzubringen, als wäre sie Teil der Eröffnungsvorstellung an der Scala, oder die Eröffnungsvorstellung an der Scala ist für Sie nicht mehr als eine Übung.«

Eröffnen wir also die Scala mit der Bewusstseinswahrnehmung durch Ausatmen.

Sie können liegen oder sitzen, ganz, wie Sie wollen. Beginnen Sie bewusst nicht übermotiviert, sondern einfach locker. Versuchen Sie das, was Sie vielleicht bisher über Atemtechniken gelernt haben, einmal zur Seite zu legen und konzentrieren Sie sich wirklich nur aufs Ausatmen.

Wenn Sie davon ausgehen, dass Sie pro Minute etwa zwölf Atemzüge machen, können Sie hochrechnen, dass Sie täglich knapp 20.000 Mal atmen. In der Medizin nennt man das Ausatmen Expiration. Bei gesunden Menschen läuft das ohne erheblichen Aufwand der Atemmuskulatur ab. Achten Sie bitte darauf, die Luft nicht mit allzu großem Energieeinsatz auszustoßen. Sie sollten keine Anstrengung spüren, im Gegenteil, Sie sollten am Ende noch eine Weile den Zustand genießen können, nicht mehr ausatmen zu müssen und nicht das Bedürfnis haben, nach Luft schnappen zu müssen. In dieser Zeit, in der Sie nicht mehr aus- und noch nicht einatmen, ist die Atemmuskulatur am meisten entspannt. Denken Sie nicht daran, wie lange Sie ein- oder ausatmen sollen. Überlegen Sie nicht, ob Sie gerade über die Brust oder über den Bauch atmen. Fokussieren Sie sich auf den Zeitpunkt der Ruhe: zwischen dem Aus- und dem Einatmen. Lassen Sie sich überraschen, wie schnell Sie ruhiger werden.

Viele Klienten kommen mit der Technik und der Vorstellung, beim Einatmen Gutes aufzunehmen, beim Ausatmen Schlechtes freizusetzen. Ich erkundige mich dann immer, was sie denn Schlechtes in sich hätten, das sie aus- und wegatmen sollen. Laut unserer Rechnung machen wir 900

Ausatemvorgänge in der Stunde, so viel Gefühls- und Gedankenmüll kann kein Mensch in sich horten.

Ich empfehle lieber: einatmen und sich freuen, dass so viel Raum für Neues bereitgestellt werden kann. Damit gibt es nichts mehr, was schlecht sein könnte. Es sind nur Gedanken, die nicht so gestaltet wurden, wie man es vom Gehirn hätte erwarten können. Die Gedankenschmiede Hirn ist Kreator unserer Gedanken. Und eben ausatmen …

Ich habe noch ein paar Anregungen für Sie:

Bei der Fünf-Finger-Beruhigung beobachten Sie eine Ihrer Hände, egal welche. Spreizen Sie langsam die Finger. Führen Sie den Zeigefinger der anderen Hand zur Außenseite des Daumens. Wie spüren Sie mit diesem Zeigefinger Ihre Hand? Wie spürt Ihre Hand diesen Zeigefinger?
Sobald es sich für Sie stimmig anfühlt, streichen sie mit dem Zeigefinger an der Außenseite des Daumens behutsam nach oben und atmen Sie dabei langsam aus. Ist die Fingerkuppe erreicht, halten Sie kurz inne. Atmen Sie langsam ein, während Sie den Zeigefinger an der Innenseite des Daumens bis zur Kerbe hinuntergleiten lassen.
Pause.

Atmen Sie wieder aus, und führen Sie währenddessen den Zeigefinger an der Außenseite des nächsten Fingers entlang. Verharren Sie einen Moment, sobald Sie an der Kuppe angelangt sind. Danach einatmen und hinuntergleiten.
Pause.
Wiederholen Sie die Prozedur an Ihren fünf Fingern so oft, wie es sich für Sie und Ihren Körper gut anfühlt. Gehen Sie behutsam vor und achten Sie auf die Geschwindigkeit. Je mehr Zeit Sie sich dabei nehmen, desto besser. Aber überfordern Sie sich nicht. Auch Langsamkeit kann einem zu viel werden.

Ein ansehnliches Potenzial in der Downregulierung der Unruhe hat auch der Vagusnerv. Seinen Namen hat er, weil er durch den gesamten Körper vagabundiert. Er reicht bis zum letzten Drittel unseres Dickdarms, wandert vorbei an der Schilddrüse, versorgt Herz und Lunge und innerviert Magen, Dünn- und Dickdarm. Als größter Nerv des Parasympathikus kommt er fast überall hin, meldet verlässlich, wenn irgendwo was nicht stimmt, und bringt die Heilung in Gang.

Außerdem wird er auch als der Ruhenerv bezeichnet und lässt sich bereitwillig aktivieren. Sein Einzugsgebiet umfasst auch die Organe, die bei Unruhe und Ruhe eine entscheidende Rolle spielen.

Den Vagusnerv an der Stelle anzuregen, an der er Ihre Halsregion durchquert, ist unglaublich entspannend. Und sofort spürbar.

Nehmen Sie Ihre Handflächen und legen Sie sie seitlich rechts und links hinten so in den Nackenbereich, dass Ihre Ellenbogen nach außen zeigen. Üben Sie dabei einen sanften Druck aus und streichen Sie, während Sie ausatmen, mit beiden Händen gleichzeitig langsam vom Nacken seitlich nach vorne über den Hals.
Einatmen.
Nochmals langsam von hinten nach vorne streichen und dabei ausatmen. Wiederholen Sie das in Ihrem eigenen Tempo, und so oft es Ihnen guttut. Auch hier erreichen Sie mehr, je langsamer Sie vorgehen.

Überhaupt möchte ich ein Plädoyer für die Langsamkeit halten. Sie steht nicht mehr hoch im Kurs in unserer schnelllebigen Zeit. Wir träumen von ihr, aber wenn wir sie im Alltag zu uns bitten, ist sie uns oft gar nicht mehr so angenehm.

Mitunter genieren wir uns sogar für sie.

Ich persönlich verbinde mit der Langsamkeit die schönsten Erinnerungen an meine Kindheit. Die Umstände erforderten es, dass ich nach der Schule meine Zeit allein verbringen musste und sehr oft auf mich gestellt war. Damals entdeckte ich die Langeweile und kam dahinter, was sie alles zu bieten hat, und ich machte Bekanntschaft mit der Langsamkeit. Denn ich hatte ein Wesen an meiner Seite, das mir in diesen einsamen Stunden Sicherheit gab und allein durch seine Anwesenheit für innere Ruhe sorgte. Sein Name war Barry.

Barry war der Bernhardiner des Nachbarn. Wir lebten damals in einem kleinen Ort, wo die Leute noch nicht viel mit Zäunen anfangen konnten. Barrys natürlicher Lebensraum war das Draußen, und zwar das ganze. Das Dorf gehörte uns und erst recht der Wald darum herum. Noch heute kann ich mich an Barrys Geruch erinnern, wie sich sein Fell angefühlt hat und vor allem an seine behäbige Langsamkeit, die mich zutiefst entschleunigt hat. Er war mächtig in seiner Statur und so unbeholfen wie gutmütig. Wir haben uns großartig ergänzt. Obwohl er nicht mir gehörte, waren wir ständig zusammen. Wir machten alles gemeinsam, und er ließ sich alles gefallen. Nein, stimmt nicht, er war von allem, was ich machte, begeistert, in seiner gemächlichen Art natürlich, aber unverkennbar.

Er ließ mich auf sich reiten, half mir, Lager im Wald zu bauen und marschierte mit mir tagelang über endlose Wiesen, bis er seine Zunge hinter sich herschleifte. Es gab nur ein Feedback von diesem gutmütigen Ungetüm: Ruhe und Gelassenheit.

Dieser Zustand hat sich emotional tief in mir verwurzelt. Bis heute erlebe ich eine solche Verbundenheit und Ruhe sehr oft. Ich kann diesen Zustand jetzt noch abrufen. Bernhardiner Barry hat etwas in mir etabliert, wofür ich zutiefst dankbar bin. Auch meine Zuneigung zur Natur und zu Tieren im Allgemeinen ist durch sein in sich ruhendes Wesen entstanden und bis heute bestehen geblieben.

Damals war ich beim Spielen, Entdecken und Ausprobieren völlig bei mir. Auch das habe ich dem Hund zu verdanken, er war immer wertfrei zur Stelle. Kleine Kinder können das, sofern wir sie lassen. Sie sind komplett versunken in das, was sie gerade tun.

Um sie herum dreht sich heute alles um mehr Tempo. Schnellere Computer, schnellere Arbeitsabläufe, schnellere Studiendauer. Selbst die Zeit scheint schneller zu vergehen. Wenn man nicht auch selbst einen Zahn zulegt, läuft man Gefahr, auf der Strecke zu bleiben. Dass die Zeit relativ ist, subjektiv erlebt wird und in verschiedenen Situationen gefühlt unterschiedlich schnell vergeht, weiß man aus eigener Erfahrung. Aber haben Sie schon einmal bemerkt, was für einen Unterschied es macht, ob sie auf eine analoge oder eine digitale Uhr schauen? Ich lasse Ihnen kurz Zeit, um es selbst zu probieren.

Beobachten Sie fünf Minuten lang eine digitale Uhr. Machen Sie eine Minute Pause, indem Sie sich bewegen.
Gehen Sie eine Runde durch Ihre Wohnung oder erledigen Sie etwas in der Küche. Beobachten Sie dann fünf Minuten lang eine analoge Uhr.
Fertig?
Haben Sie es erkannt?
Auf der analogen Uhr vergeht die Zeit gefühlt langsamer als auf der digitalen. Interessant, nicht?

Von allen Vorteilen der Schnelllebigkeit, von denen mir nicht alle einleuchten, hat sie aber auch einen gewaltigen Haken. Sie überfordert uns. Und wir überhasten uns in Lebensbereichen, in denen Schnellsein weder notwendig noch gut für uns ist. Ich rate Ihnen deshalb, was ich selbst versuche, wo es nur möglich ist: Seien Sie bewusst langsamer, wo immer Sie können. Und machen Sie sich das zur Gewohnheit.

Wenn ich einen hektischen Tag habe, an dem ich von Termin zu Termin hetze, versuche ich bewusst, die Geschwindigkeit zu bestimmen, mit der ich mich durch den Tag bewege.

An den Tagen, an denen es gar nicht geht, beobachte ich wenigstens, in welcher unglaublichen Ungeduld ich, besonders zu Fuß, unterwegs bin. Früher wäre es Heißläufer-Tempo gewesen, und so hätte ich mich dann auch durch den Tag bewegt. Heute mache ich mir meine Hektik bewusst und kann dagegensteuern.

Allein diese Bewusstmachung entschleunigt schon. Ich drossle die Schrittfrequenz und achte dabei darauf, wie sich der Boden anfühlt. Ein super Trick. Denn das funktioniert nur, wenn man langsamer geht. Im Schnelldurchlauf würden die Sohlen nur kurz den Boden berühren, sich aber nicht unter dem eigenen Gewicht ausdehnen und Bodenhaftung bekommen.

Und plötzlich ist so ein hektischer Tag wesentlich freundlicher und ruhiger. Ich denke mir: Gib deinem Geist die Chance, auf deinen schnellen Lebensreisen nachzukommen. Versuchen Sie es selbst:

Schalten Sie Ihr Gehtempo ein paar Gänge zurück. Sind Sie allein etwa im Wald unterwegs, bewegen Sie sich wie in Zeitlupe. Auf der Straße unter Menschen schlendern Sie so, dass sich andere Passanten nicht über Sie wundern. Setzten Sie bei jedem Schritt die Füße bewusst auf, konzentrieren Sie sich darauf, wie die Ferse den Boden berührt, wie Sie auf dem Ballen abrollen.

Die Geschichte hinter diesem Gedanken erzähle ich hin und wieder gern in meinen Workshops und Coachings:

Eine westliche Expeditionsgruppe hatte für ein Forschungsprojekt im Himalaya-Gebirge einheimische Träger angeheuert. Das Forscherteam stand unter Zeitdruck, es war notwendig, wirklich schnell ans Ziel zu kommen. Nach einer sehr langen ersten Etappe, die über einen steilen Sattel führte und alle Expeditionsteilnehmer an ihre Grenzen brachte, erlaubten sie den Trägern eine Pause. Es musste eine kurze Pause sein. Als die Expeditionsmitglieder die Sherpa danach zum Weitermachen mahnten, blieben sie sitzen. Ganz in Ruhe.

»Wir müssen weiter«, erklärte das Expeditionsteam.

Die Sherpa schüttelten den Kopf. »Wir können noch nicht weiter«, sagten sie, »wir müssen warten, bis unsere Seelen nachkommen.«

Nach einiger Zeit standen sie auf und setzten den Aufstieg fort.

Es ist, was es ist

Geht Ihnen der Hype
um die Achtsamkeit auch so auf die Nerven?
Machen wir's uns doch einfacher.

Was ist das eigentlich, diese Achtsamkeit, die da ständig so gehypt wird? Meine Erfahrung nach hat jeder Mensch eine andere Definition dafür. Für die einen heißt achtsam sein, aufzupassen, was man sagt, um weder sich noch andere zu verletzen. Achtsamkeit wird für ein Synonym der Entschleunigung gehalten, eine Aufforderung zur Toleranz, ein Verweilen im Augenblick. Und viele setzen sie mit Meditation gleich, darauf werde ich noch eingehen.

Zu mir kommen oft Klienten, die schon Therapien hinter sich haben, manche mehr, manche weniger erfolgreich. Aber so gut wie immer hat man ihnen eines mitgegeben auf ihrem weiteren Weg: Sie mögen doch vor allem darauf achten, im Hier und Jetzt zu leben. Vollkommen richtig, sage ich dann, ohne meine Gedanken über die Zerstörung des Hier und Jetzt zu erwähnen. Vollkommen richtig also, das ist für die innere Ruhe ganz wichtig.

Das fanden die meisten von ihnen auch, nur konnten sie mit der bloßen Empfehlung wenig anfangen. Sie konnten sich noch nicht vorstellen, was es wirklich bedeutete, im Hier und Jetzt zu leben. Im Augenblick, in der Gegenwart, in Echtzeit. Niemand hatte ihnen bisher erklären können, wie das denn gehe. Wie man das anstellen müsse. Sie hatten etliches probiert, aber zielführend hatte sich all das nicht angefühlt. Es kommt sogar nicht selten vor, dass mich Klienten bitten, mit dieser ganzen Achtsamkeit aufzuhören, bevor man nicht wisse, wie das eigentlich funktionieren solle.

Gute Frage. Ich wusste es früher auch nicht.

Als ich anfing, mich mit der Achtsamkeit anzufreunden, war ich genauso ratlos wie diese Klienten. Ich las Bücher darüber, gibt ja genügend davon auf dem Markt. Allein in dem Moment, da ich Achtsamkeit hinschreibe, erscheinen schon wieder vierzehn neue Titel zum Thema. Ich beschäftigte mich mit den Unmengen von Übungen, die sie enthielten, aber das half mir in der Definition auch nicht viel. Bis ich mich auf die Reise machte, die Reise in mich.

Ich weiß, das klingt jetzt auch nicht aufschlussreicher als das, was Sie vermutlich schon über die Achtsamkeit gelesen, gehört oder gegoogelt haben. Wikipedia bezeichnet sie als einen Zustand von Geistesgegenwart. Man sei hellwach und erfahre sich und seine Umwelt ohne Ablenkung, Gefühle oder Wertungen.

Ich selbst habe viel Zeit mit der Achtsamkeit verbracht. Ich habe mich ihr von vielen Seiten angenähert und sie so weit verstanden, dass ich meinen Klienten Zugänge anbieten und sie gemeinsam mit ihnen erarbeiten kann. Sie ist die beste Gegenwehr, die wir gegen die Zerstörung des Hier und Jetzt haben.

Dasselbe sage ich jetzt Ihnen: Falls Sie gehofft haben, mit mir an dem Rätsel Achtsamkeit vorbeizukommen, muss ich sie leider enttäuschen. Denn nach all meiner Beschäftigung mit ihr bin ich ein Verfechter der Achtsamkeit. Besser gesagt ein Verfechter dessen, was ihr komplett fehlt: Das Wichtigste an der Achtsamkeit ist es, dass sie nicht bewertet.

Alles ist, was es ist. Und nicht so, wie wir es deuten.

Achtsamkeit ist ein Ist-Zustand von etwas. Und das gilt für alles, von Dingen bis zu Gefühlen. Um diesen bloßen Ist-Zustand festzustellen, brauchen wir nicht mehr als unsere fünf Sinne. Keinen Verstand, kein Weiterdenken und vor allem keine Interpretation.

Mit diesen fünf Sinnen haben wir eine Wahrnehmungsfähigkeit, die so unfassbar umfassend ist, dass einem schwindelig werden könnte. Sie müssen sich das einmal vorstellen. Funktioniert ja alles automatisch, ohne dass wir uns darüber den Kopf zerbrechen müssen. Die Augen schauen, die Ohren hören, die Finger tasten, die Haut spürt, die Nase riecht, die Zunge schmeckt. Was für ein Zusammenspiel. Ich mache mir diese Sinnhaftigkeit immer wieder bewusst. Und jedes Mal bin ich wieder von Grund auf hingerissen davon.

Ist Ihnen bewusst, dass Sie die Möglichkeit haben, Duftstoffe, die ja Materie sind, in einen Sinn umzuwandeln? Sind Sie sich im Klaren darüber, welchen Sinn dieser Sinn hat?

Rezeptoren in Ihrem Riechsystem ermöglichen Ihrem Gehirn, Stoffen in der Umgebung einen Geruchs-Sinn zu geben. Was für ein Geschenk, wenn es Rosen sind. Was für ein Glück, wenn wir vor vergammeltem Essen gewarnt werden.

Der Geruch ist unmittelbar mit einem System im Gehirn verbunden, das für unsere emotionale Befindlichkeit zuständig ist. Wenn wir jemanden nicht riechen können, arbeitet das limbische System genauso wie beim Duft eines Kräutertees, den wir mögen. Wir nehmen es wahr, wir be*sinnen* uns darauf. Die Interpretation, die damit verbunden ist, hat etwas von meinem Augenkneifen. Auch sie muss nicht unbedingt stimmen. Das Riechen entscheidet mit, wie wir auf unser Umfeld reagieren und das Umfeld auf uns. Manchmal *stinkt* uns die Arbeit. Irgendwas hat den Geruch von Intrige. Naja, wir sollten die *Nase* nicht in die Angelegenheiten anderer stecken. Aber wir *riechen* den Braten. Wir gehen der *Nase* nach. Wir haben sogar ein sehr feines *Näschen* für sowas. Aber wir hatten den richtigen *Riecher*. Es *müffelt* drei Kilometer gegen den Wind. Alles *erstunken* und erlogen. Wie *anrüchig*. Wir haben die *Nase voll*. Und *verduften*. Dass unser Geruchssinn uns emotional beeinflusst, ist keine Zufälligkeit. Es ist ausgeklügelte Biochemie, die wir mit unserer Riechkompetenz mitbekommen haben. Seit ich mich ausgiebiger damit auseinandersetze, schätze ich das erst so richtig.

Testen Sie das Wunder. Was riechen Sie jetzt gerade?

Welche Gerüche sind Ihnen von heute Morgen noch in Erinnerung? Wenn Sie das gestern gefragt worden wären, hätten Sie vielleicht gesagt: keiner. Ihnen wäre nichts in den Sinn gekommen. Aber heute. Wo Sie sich im Hier und Jetzt angesiedelt haben? Legen Sie da nicht das Paul-Watzlawick-Axiom, dass man nicht nicht kommunizieren kann, aufs Riechen um? Man kann eigentlich nicht nichts riechen. Überhaupt, man kann nicht nichts wahrnehmen. Unsere Sinnesorgane sind Workaholics, sie arbeiten immer, auch wenn wir es gar nicht bemerken.

Die Kunst bei allen Sinnen ist es, wahrzunehmen, aber nicht zu bewerten. Es macht einen Unterschied, ob Sie Kaffeegeruch wahrnehmen, oder ob er für Sie bitter riecht. Es ist, was es ist.

Es ist Kaffee.

Eine Rose. Der Zwiebelrostbraten vom Nachbarn. Was ist es gerade bei Ihnen? Riechen Sie es? Dann sind Sie im Hier und Jetzt.

Für die Achtsamkeit ist das genug fürs Erste. Sie riechen. In diesem Moment. Und sonst gar nichts. Seien Sie sich Ihrer Sinne bewusst. Dass der Kaffee bitter und die Rose süß riecht, ist für die Achtsamkeit vorläufig unerheblich.

Das Prinzip lässt sich für alle Sinneseindrücke anwenden.

Schauen Sie sich um. Was sehen Sie jetzt? Einen braunen Tisch, der geputzt gehört und der viel zu groß ist? Wertung. Oder sehen Sie bloß einen braunen Tisch? Achtsamkeit.

Horchen Sie. Was hören Sie jetzt? Den Staubsauger in der Nebenwohnung, mit dem dort schon wieder jemand nach zehn Uhr abends Lärm macht? Wertung. Oder hören Sie einen Staubsauger? Achtsamkeit.

Kosten Sie. Was schmecken Sie? Die Avocado, die Sie gestern in Ihren Rucolasalat gewürfelt haben und die so gut war, dass Sie sie jetzt noch auf der Zunge spüren? Wertung. Oder schmecken Sie eine Avocado? Achtsamkeit.

Tasten Sie. Was fühlen Sie? Die Falten auf der Hand Ihrer Großmutter, die sich so tröstlich anfühlen? Wertung. Oder die Falten auf einer Hand. Achtsamkeit.

Verbringt man am Tag einige Minuten mit solchen Wahrnehmungen, dringt das auch in die innere Burg vor.

Die Ruhe hat feine Sinne und nimmt wahr, was um sie herum vorgeht. Aha, denkt sie sich, Achtsamkeit, da wird doch nicht etwa bald jemand am Burgtor klopfen und Einlass begehren. Ja, das könnte sein. Mit ein paar Minuten Wahrnehmung am Tag sind Sie womöglich bald bei der Königsdisziplin der Achtsamkeit. Dann nämlich dürfen Sie das, was Sie sich bis jetzt verbeißen sollten. Sie dürfen sich bewusst sein, dass Sie werten.

Ruhe wird mit allen Sinnen erlebt.
Unruhe ist sinn-los.

Vielleicht bringt Ihnen eine kleine Angewohnheit von mir etwas. Ich überlasse sie Ihnen gern, es ist meine Art, zwischen anstrengenden Coachingeinheiten oder intensiven Klientengesprächen wieder zur Ruhe zu kommen. Damit bekomme ich den Kopf frei und fülle Energie hinein. Manchmal benutze ich das Ritual auch wie guten Käse nach einem Menü, um den Magen zu schließen.

Ich stelle mich ans Fenster meines Arbeitsraumes und schaue auf die gegenüberliegende Straßenseite. Am Eingang des Hauses vis-à-vis sehe ich eine dunkle Holztür mit einer goldfarbenen Türschnalle. Die Straßenbahn fährt vorbei, ich höre das Auto, das neben ihr fährt, hupen. Am Gehsteig gegenüber umarmen sich zwei Menschen. Während ich all das wahrnehme, spüre ich die Teetasse in meiner rechten Hand. Ich rieche die Zitrone im Tee. Ich bewerte nichts davon.

Nach zwei Minuten bin ich wieder da. In diesem Moment in meiner Praxis.

Wollen Sie das für sich nutzen?

Stellen Sie sich an eines Ihrer Fenster. Suchen Sie sich einen Punkt, den Sie fixieren, etwas ganz Banales. Ein Detail auf der Fassade gegenüber, den Rückspiegel eines parkenden Autos, eine Türschnalle. Nehmen Sie wahr, was Sie sehen. Nehmen Sie auf, was Sie hören. Nehmen Sie an, was Ihre Sinne Ihnen servieren. Vielleicht sind Sie nicht nach zwei Minuten wieder da, sondern nach drei, vier oder fünf. Na und?

Auf den Spuren der Meditation

Ganz ehrlich, ich bin mir bis heute nicht ganz sicher, was Meditation ist. Aber das macht nichts.

Viele meiner Klienten, viele meiner Freunde und Bekannten meditieren. Ich frage oft nach, was sie dabei machen, und immer öfter bekomme ich zur Antwort, man habe da so eine App. Wenn Sie mich fragen: Ich könnte fast ausschließen, dass das Meditation ist. Weder das eine noch das andere funktioniert in meinen Augen mit einem Handy. Außer man hat gerade keinen Kalender zur Hand und wedelt mit dem Smartphone. Es ist ein Kalender. Es ist ein Mobiltelefon. Warum nicht.

Es ist eine goldfarbene Türschnalle. Meine zwei Minuten zum Runterkommen zwischen den Terminen gehen für mich auch als Meditation durch. Ich würde es vielleicht nicht so nennen, aber es hat etwas damit zu tun. Was mir meine Beziehung zur Meditation erschwert, ist etwas völlig Simples. Ich kenne das Ziel des Meditierens nicht. Ist es ein Bewusstwerden? Oder ein Zustand der Beruhigung? Oder die vollkommene Gedankenlosigkeit? Oder die Erleuchtung?

Das Ziel bei meinem Umgang mit der Achtsamkeit ist es, wahrzunehmen, ohne zu werten. Und wenn man wertet, dann bloß wahrzunehmen, *dass* man wertet. Mehr nicht. Die Welt auf das Sein zu konzentrieren, ohne das Warum zu begrübeln.

Ist die Meditation dem gleichzusetzen? Das kann allein schon ihres Namens wegen nicht ganz stimmen. Meditation kommt vom Lateinischen *meditatio*, und das heißt Nachdenken oder Nachsinnen. Der Geist ist wach, der Rest ruhig und entspannt. Wikipedia spricht vom bewussten Steuern der Aufmerksamkeit. Es ist eine Tausende Jahre alte Tradition, deren positive Auswirkungen auf Kognition, Affekt, Hirnfunktion, Immunsystem und Epigenetik wissenschaftlich belegt sind.

Es liegt mir fern, das zu bestreiten. Trotzdem ist mir die Meditation zu wenig für die innere Ruhe. Ein gutes Gimmick, auf jeden Fall, aber mit der Meditation allein, ohne die wiederkehrende Entscheidung für die innere Ruhe, gelangt man nicht in die innere Burg.

Ich bin ja deshalb so ein Freund der wertungslosen Achtsamkeit, weil wir dazu wirklich nur die Sinnesorgane brauchen. Nichts sonst. Keinen Schneidersitz, kein Omm, keine Apps.

Wenn das kleine Einmaleins der Meditation darin besteht, die wertenden Gedanken, die uns unwillkürlich durch den Kopf flitzen, flitzen zu lassen, sie nicht zu fangen und ihnen nicht nachzuhängen, bin ich auch ein Freund der Meditation. Aus dem Einmaleins des achtsamen Nicht-Wertens betrachtet, heißt das, sich bewusst zu sein: Es ist ein Gedanke.

Weit liegen wir da also nicht auseinander. Womit meine Klienten zu kämpfen haben, wenn sie mit der Meditation nicht weiterkommen, ist nur wieder der Perfektionismus, der auch über dem Meditieren schwebt. Ich kann es nicht oft genug sagen: Perfektion ist ein Übel unserer Zeit und sehr leicht anzuknipsen in uns, weil sämtliche Social-Media-Kanäle voll davon sind. Ich erlebe in der Praxis sehr viel Leid deshalb, und Leid ist mir dafür kein zu großes Wort.

Der Perfektionismus in der Meditation ist das Streben nach dem Zustand, den eigentlich nur buddhistische Mönche erreichen. Den müsse man doch auch hinkriegen können. Wenn nicht, war man nicht gut genug, und schon hat man zum Gefühl des Versagens auch noch das schlechte Gewissen. Das ist sowas wie Insel-Hopping, nur nicht von Insel zu Insel, sondern von Unfähigkeit zu Unfähigkeit, selbst konstatiert und bereitwillig geglaubt. Ein beliebter Zeitvertreib in unserer digitalen Welt, in der Schein und Fake die Schönheitsideale definieren.

Meditation, wie sie die Meister betreiben, ist ein jahrzehntelanger Prozess der Körperbeherrschung. Den kriegt man nicht einfach so nebenbei hin. Ist aber auch gar nicht nötig. Mir fällt da eine Geschichte ein, die ich in einem Supermarkt in meiner Nähe erlebt habe. Ich wohne schon sehr lange in der Gegend und kaufe dort ein, seit es den Laden gibt. Weil ich mich gern mit den Leuten unterhalte, kenne ich auch die Angestellten. Allerdings muss ich mich immer mehr beeilen, wenn ich mit ihnen ins Gespräch kommen möchte, denn die Belegschaft wechselt häufig, wie in den meisten Supermärkten. Einen Mann aber sehe ich dort seit dreizehn Jahren, und seit dreizehn Jahren schlichtet er die Waren in die Regale. Irgendwann sprach ich ihn an.

»Ich stelle mir Ihren Beruf, den Sie da haben, sehr anstrengend vor«, sagte ich, während er Suppendosen in eines der unteren Regale einordnete. Er war schon damals nicht mehr der Jüngste und musste sich tief hinunterbücken. Anfangs nickte er nur und war eher wortkarg, nach und nach wurde er gesprächiger.

»Relativ mies bezahlt, das Schlichten«, steckte er mir einmal, aber er sagte es mit keinem großen Bedauern. Es war eher eine Feststellung.

Und irgendwann einmal richtete er sich in seiner Arbeit auf, als er mich näherkommen sah. Wir begrüßten uns und wechselten ein paar Worte. Smalltalk, nichts Besonderes. Bis er fragte: »Wissen Sie, was interessant ist?«

»Nein«, sagte ich.

»Mich beruhigt dieses Schlichten.«

Ist das nicht schön?

Und ist das nicht auch Meditation? Ich sehe diese Kunst in vielen Tätigkeiten, die für andere vermutlich gar nichts damit zu tun haben. Als ich bei einer Freundin zum Essen eingeladen und etwas zu früh dran war, hatte ich Zeit, die Bilder an den Wänden in ihrem Wohnzimmer einmal so richtig anzusehen. Es waren sehr unterschiedliche Stile. Stillleben, Tiere, fast Comic-Artiges und dann intensive Farben und reine Abstraktion. Ich versuchte, den Zusammenhang herauszufinden, warum sie hier in einer Reihe hingen. Sie gefielen mir alle, aber es gelang mir nicht.

Als die Pasta fertig war, und wir uns zum Essen hinsetzten, fragte sie mich, ob mir etwas aufgefallen wäre an den Malereien.

»Nicht wirklich«, sagte ich, »ich habe versucht, den roten Faden zu finden, ist mir aber nicht gelungen. Wieso hast du diese Künstler gewählt?«

»Die Gemälde sind von einer einzigen Malerin«, sagte sie. »Du hättest es an der Signatur erkennen können.«

Auf die Idee wäre ich nie gekommen. Überhaupt die bunten Bilder fielen komplett aus dem Rahmen.

»Sie sagte, das brauche sie jetzt.«

»Inwiefern?«

»Um zur Ruhe zu kommen.«

Ist das nicht faszinierend?

Für mich ist das Selbstverwirklichung. Die ich übrigens in einer hohen Form einmal bei einem meiner Klienten erlebt habe. Er war Künstler, arbeitete aber weiter in seinem Brotberuf, um sich seine Kunst leisten zu können. Nach und nach gelang es ihm, den Geldjob zu minimieren und immer mehr von der Kunst zu leben. Irgendwann konnte er den Job ganz aufgeben. Ein Freund sagte ihm, er müsse Visitenkarten anfertigen lassen. Denn wenn man in der Szene gefragt wurde, was man denn so mache, erkläre man nichts, man überreiche bloß seine Visitenkarte.

Jetzt hatte mein Klient aber das Problem, dass er nicht wusste, was er außer seinem Namen auf die Karte schreiben sollte. Im gemeinsamen Arbeiten fanden wir heraus, dass das vollkommen ausreichte. Klaus Mustermann. Aus. Kein akademischer Maler, kein Grafikkünstler, kein Bildhauer, nix. Einfach nur Klaus Mustermann. Er verwirklicht sich selbst. Es reicht, auf der Visitenkarte seinen Namen zu sehen und zu wissen: Das bin ich.

Was machen Sie? Ich bin Klaus Mustermann.

Ist das nicht cool?

Es ist die Visitenkarte der inneren Ruhe.

Psssst!

Die Stille zu entdecken, ist spannend.
Sie sagt uns ziemlich laut, was wir wissen müssen.

Das Wichtigste über die Stille habe ich von einer der Karmeliterinnen in dem Kloster gelernt, das ich für meinen Podcast besucht habe. Sie beschrieb ihre persönlichen Erfahrungen mit ihrem Leben in jahrelanger Stille. Irgendwann sagte sie: »In der Stille kommen Dinge zur Sprache, die man manchmal gerne verdrängen möchte. Trotzdem kann die Stille ein Geschenk sein.«

*In der Stille kommen Dinge zur Sprache.
Das faszinierte mich.*

Außerdem, sagte sie, gäbe es einen grundlegenden Unterschied zwischen der inneren und äußeren Stille. Das deckte sich mit meinen eigenen und den Erfahrungen aus meiner Arbeit. Innere Ruhe erreichen wir leichter in äußerer Stille. Im Lärm der Außenwelt fällt uns das schwerer.

Ich beschloss, den Schweizer Akustiker Kurt Eggenschwiler für eine weitere Podcast-Episode darüber zu befragen. Er bestätigte, dass die Erde lauter geworden sei. Was letztlich allerdings nichts Neues ist, das hätten auch die Menschen in jeder früheren Epoche konstatiert. Schon den Römern war der Lärm rund um sie herum zu laut. Mit der Entstehung der Städte steigerte sich der Geräuschpegel eklatant. Immanuel Kant zum Beispiel habe sich über den Wirbel in den Straßen sehr aufgeregt. Aus unserer Perspektive war das damalige Königsberg, wo er lebte, jetzt eher keine Metropole, in der das Weltstadtleben köchelte. Heute würde man seine Umgebung als einen ausgesprochen ruhigen Flecken bezeichnen, von dem aus man zur Erholung rasch noch ruhigere Flecken im Umland erreichte.

Heute leben wir, sofern wir nicht in einer Wüstengegend daheim sind, nicht nur mit einem Lärmpegel, der damals als Höllenlärm empfunden worden wäre, es ist auch noch schwierig, davor zu flüchten. Selbst wenn wir Plätze dafür in der Nähe fänden, es wäre dort bald wieder dasselbe. Die Lärmflüchtlinge würden automatisch wieder Lärm erzeugen.

In Touristenhotspots halten die Bewohner den Trubel nicht mehr aus und ziehen weg, und zwar nicht nur aus Venedig oder Kitzbühel. Immer mehr Ruhegebiete sind mit einem Lärmteppich ausgelegt. Kurz Eggenschwiler sieht da auch kein Ende, im Gegenteil. »Wir müssen schauen«, warnt er, »dass sich dieser Teppich nicht noch mehr ausbreitet.«

Ich fürchte, dagegen werden wir wenig ausrichten können. Wir werden eher zu der Strategie gezwungen sein, uns daran anzupassen. Viele von uns tun das auf die brachiale Art und beschallen sich über Kopfhörer zusätzlich selbst mit Außenlärm.

Ich gehöre einer Generation an, für die die Headset-Kultur gewöhnungsbedürftig war. Noch heute überrascht es mich manchmal, wie viele Menschen man auf den Straßen, beim Laufen und in den öffentlichen Verkehrsmitteln mit Kopfhörern sieht. Fast kann man darüber aber froh sein.

Als ich unlängst nach längerer Zeit wieder einmal mit dem Rad auf der Wiener Donauinsel unterwegs war, kamen mir viele Radfahrer mit ganzen Musikanlagen auf der Lenkstange entgegen, aus denen es wuchtig herausdröhnte. Wörtlicher ist der Begriff Lärmbelästigung kaum zu nehmen.

Trotzdem finden sich noch immer jede Menge Ruheoasen. Als ich mich auf die Suche nach ihnen machte, verblüffte es mich, dass ich dafür nicht einmal mein Büro verlassen musste. Wie still es dort ist, war mir vorher gar nicht aufgefallen.

Jetzt mache ich es mir beim Arbeiten oft bewusst. Ich höre auf diese Stille und schaffe mir damit eine Möglichkeit, mich emotional in die Ruhe einzubetten. Es ist herrlich.

Und das während der Arbeit.

Wenn es bei Ihnen nicht das Büro ist, erkunden Sie Ihre engste Lebensumgebung. Sie werden ein Plätzchen finden, davon bin ich überzeugt. Ziehen Sie sich dorthin zurück und bleiben Sie, solange Sie es aushalten. Stille ist im Alltag so selten, dass sie gewöhnungsbedürftig ist. Anfangs wird sie Sie sogar nervös machen. Weder Körper noch Geist haben Erfahrung mit der Lautlosigkeit. Ohne Reize brauchen sie eine Zeit, um sich zu beruhigen. Auch für mich war es zu Beginn eine echte Herausforderung.

Was die Dezibel betrifft, könnte der Unterschied zwischen innen und außen nicht größer sein. Um uns herum wird es immer lauter, in uns drinnen herrscht immer dieselbe Stille. Sie zu entdecken, ist das Ziel der inneren Ruhe.

Ich gehe dafür gerne in den Wald. Nicht, dass es dort vollkommen still wäre, nein, gar nicht. Mitunter geht's dort ausgesprochen wild zu. Wenn Sie schon einmal auf einem Hochstand oder auch nur auf einem Baumstumpf oder einem Moosboden gesessen sind, kennen Sie das vielleicht.

Man braucht ein bisschen, um den Lärm außerhalb des Waldes loszuwerden, und dann dauert es noch einige Zeit, bis die Stille den Blättervorhang hebt und den Taktstock zu dem Konzert, das sie so fulminant dirigiert.

Stille ist ruhig, aber nie lautlos.

Die Geräusche der Natur verbinden sich zu einer so harmonischen Symphonie, dass sie sich wie ein Ruhekissen unter die Seele legt. Zumindest ist das bei mir so. Dieser Aufführung zu lauschen, ist für mich ein Genuss wie für einen Fan der Philharmoniker das Neujahrskonzert.

Ich bin schon seit Jahren gern im Wald unterwegs, lang bevor ein weltweiter Trend aus solchen Ausflügen wurde. Waldbaden heißt das heutzutage, und es werden eigene Kurse dazu angeboten. Ja, ich hab mich auch gewundert. Besonders die Japaner sind Meister im Waldbaden, das dort nicht erst im Wellnesszeitalter eine Rolle spielt. Es geht um das Aufsaugen der Atmosphäre des Waldes. Anfang der 1980er-Jahre rief das japanische Ministerium für Landwirtschaft, Forst und Fischerei eine Marketing-Kampagne ins Leben, um die Leute dazu zu motivieren, mehr in die Natur zu gehen. Damals kam der Begriff Shinrin-yoku auf, das Waldbaden. Ist in Japan nicht schwer, dort sind 68 Prozent des Landes mit Wäldern bedeckt.

Etwa ein Jahrzehnt später führte Professor Miyazaki Yoshifumi eine Feldstudie durch und entdeckte eine Korrelation zwischen ausgedehnten Aufenthalten im Wald und dem Absinken von Stresshormonen. Ausschlaggebend dafür sind sogenannte Phytonzide, die den Blutdruck, das Stresshormon Cortisol und die Aktivitäten im präfrontalen Kortex senken. Letztlich kann auch das Herz besser mit Stress umgehen. Im Grunde ist das derselbe Effekt, den Krankenhäuser nutzen, indem sie die Krankenzimmer mit Fototapeten ausstatten. Die beruhigende Wirkung des Waldbadens ist also wissenschaftlich erwiesen.

Und mehr als nötig, nachdem die Unruhe immer neue Beschwerden hervorbringt. In den USA tauchte etwa eine neue Krankheit namens Hurry Sickness auf, die Hetzkrankheit.

Ausgelöst wird sie durch die globale Überzeugung: Wenn wir alles genügend beschleunigen können, können wir alles erreichen. Das ist das beherrschende Diktat. Tempo ist der Erfolgsmotor. Aber irgendwann kommt auch dieser Motor ins Stottern, was sich an chronischen Stresskrankheiten wie Herzbeschwerden, Arthritis, Magengeschwüren oder nervösen Spannungen zeigt.

Die Symptome kennen wir fast alle in der einen oder anderen Form, und es betrifft nicht nur den hektischen Job, die Überforderung mit Doppel- und Dreifachbelastungen und die Angst, zu denen zu gehören, die bald von künstlicher Intelligenz ersetzt werden. Es betrifft unser gesamtes Leben, von früh bis spät, bei der Arbeit und in der Freizeit. Ich höre die meisten Menschen darüber klagen, dass sie unterm Strich weniger Entspannung und weniger Lebensqualität haben. Leben im zerstörten Hier und Jetzt.

Es ist ein Gefühl der Hoffnungslosigkeit, das diese Hetze hervorbringt. Die Aussichtslosigkeit ist im Programm eingebaut. Hetzen bedeutet ja, irgendwas oder irgendwem hinterher, mit irgendwas oder irgendwem hintennach, von irgendwas oder irgendwem vorangetrieben zu sein. In jedem Fall handelt es sich nicht um das eigene Tempo, das einem guttun würde. Hetze beinhaltet, dass es nie möglich sein wird, irgendwo anzukommen oder je mit irgendetwas fertig zu sein. Es ist ein Wettlauf ohne Ziellinie. Das Einzige, was die Hetze beendet, ist Aufgabe. Gestoppt zu werden von einem gnädigen Ereignis, das wir dann wie ein Zeichen sehen, bevor uns das Ganze irgendwann umbringt. So wird es empfunden, so bekomme ich es erzählt. Vielleicht können auch Sie in den Chor der von außen Getriebenen einstimmen.

Manche spüren die Auswirkungen permanent, andere punktweise, kaum jemand kommt ganz daran vorbei. Es ist ein Gefühl der Frustration und der Unruhe. Sie kommen am Ende eines Tages abgehetzt und erschöpft nach Hause, Sie haben so hart gearbeitet, wie es Ihnen nur möglich war, und trotzdem ist da jetzt dieses niederschmetternde Gefühl, dass Sie heute nichts haben erledigen können und nur noch weiter unter Druck geraten sind. Je mehr Sie sich hetzen, desto mehr geraten Sie in Verzug. Sie fangen früher zu arbeiten an und hören später damit auf. Und dazwischen werden Sie von einer Flut an Krisen, Unterbrechungen, sinnlosen Meetings und immer neuen Dringlichkeiten überrollt. Bei Personal und Budgets wird gleichermaßen eingespart, allerdings muss mit weniger Leuten und weniger Geld mehr erreicht werden. Was für eine Strategie.

Dabei ist der Druck, sich ständig immer mehr beeilen zu müssen, für nichts mehr wirklich Zeit zu haben und nicht in der Lage zu sein, sich aus dem Karussell der täglichen Verpflichtungen befreien zu können, nur ein Symptom der Hetzkrankheit. Ihre Wurzeln liegen tiefer. Irgendwo in uns drinnen liegt der Hund, der von Pawlow konditioniert wurde, loszusprinten, sobald die Glocke anschlägt. Das ist die Prägung, die den Startschuss gibt. Das wurde uns vorgelebt, das haben wir gelernt. So gut, dass wir es fast nicht mehr aus dem Organismus bekommen.

Mit der Ruhe auf einen grünen Zweig kommen.

Können Sie sich an Ihren letzten Naturspaziergang im Wald erinnern? Haben Sie die Sinneseindrücke noch im Gedächtnis? Können Sie einzelne Abschnitte im Wald bildlich abrufen? Wenn nicht, waren Sie entweder noch nie im Wald oder Sie haben in ihm nicht gebadet.

Für die Ruhekur im Wald brauchen wir Zeit. Das geht nicht zwischen Meeting und Arbeitsessen. Um den Kontakt zur Natur herzustellen, brauchen wir mehr als ein paar Minuten. Ich investiere diese Zeit wirklich regelmäßig, weil ich mit dem Kontakt zur Natur auch den Kontakt zu mir herstelle.

In der Arbeit mit meinen Selbsterfahrungsgruppen habe ich gemerkt, wie außerordentlich nachhaltig die Besuche im Wald auf die Teilnehmer wirken. Wir wandern dabei zu einer Waldhütte, ohne Ablenkung, ohne Aufgaben. Einfach gehen und wahrnehmen. Wem ist man zugewandt? Wen nimmt man besonders wahr? Nach drei Stunden, in denen tatsächlich kein einziges Handy läutete, erreichten wir die Waldhütte, unseren sicheren Ort, wo alle ihre Eindrücke erzählten. Interessanterweise glichen sich die Reflexionen verblüffend. Niemand schien während dieser kleinen Reise viel gesprochen zu haben, alle hatten den Geruch des Waldes extrem wahrgenommen. Viele spürten eine besondere Nähe zu den anderen.

Ich finde es immer wieder beeindruckend, wenn die Gruppe unisono berichtet, wie viel passiert, wenn nicht viel passiert. Es war nichts Besonderes vorgefallen. Gehen, horchen, schauen, fühlen, ab und zu tasten und noch seltener etwas schmecken.

Das war's. Und doch gibt es über so einen Spaziergang im Wald oft Zeit bis spät in den Abend hinein zu reflektieren, zu verstehen und zu staunen. Üblicherweise schließen wir den Tag mit einem gemeinsamen Nachtmahl ab. Wir gehen miteinander, kochen miteinander, essen miteinander.

So einfach wird aus einem Abendessen ein Ritual. Die Gruppe ist nun in sich, mit sich.

Ruhe braucht das Verweilen.
Unruhe braucht den Reiz.

An Reizen mangelt es nicht in unserer Zeit. Den meisten Reizen im Leben sind wir auch schon begegnet. Und es reicht tatsächlich eine Erfahrung mit einem Reiz, die einmal für Anspannung und Aufregung gesorgt hat, damit das Gehirn ohne viel Zutun mit Unruhe auf sie reagiert.

Der Wald ist ein reiz-loser Ort. Darin liegt seine emotionale Besonderheit. Nicht, dass es an Reizen an sich fehlen würde. Es fehlt nur an Reizen, die Unruhe auslösen. Vogelgezwitscher, der weiche Moosboden, der Wind in den Blättern, dort ein Rascheln, da ein Knacksen, vielleicht irgendwo ein Specht.

Je länger Sie sich dort aufhalten, desto stärker die Wirkung. Schnell einmal mit dem Auto in den Wald fahren, hinter dem Holzstoß parken und dort im Akkord Erholungsreize einsammeln, ist keine Option.

Nehmen Sie sich anfangs zumindest eine Dreiviertelstunde Zeit und erhöhen Sie nach und nach auf zwei Stunden. Die Teilnehmer meiner Waldwanderungen berichten nahezu einheitlich, dass sich die ersehnte Ruhe nach etwa zwei Stunden im Dickicht deutlich bemerkbar macht und dann auch lange anhält.
Zeit ist im Grunde das Einzige, was Sie mitbringen müssen zur Naturtherapie. Ordentliche Schuhe, bequeme Kleidung, ein kleiner Rucksack, eine Wasserflasche. Mehr brauchen Sie nicht bei sich zu haben. Allein das entschleunigt schon.
Das Handy daheim oder wenigstens im Auto zu lassen, ist eine kleine Hürde, aber wenn Sie über die einmal hinweg sind, steht Ihnen nichts mehr im Weg. Selbst ängstlicheren Naturen empfehle ich, das Smartphone nicht mit einzupacken. Es bloß ausgeschaltet zu lassen, hat nicht ganz dieselbe Wirkung. Mobiltelefone sind die Unruhestifter Nummer eins. Ich kann Sie beruhigen, ich bin durch die Kärntner Wälder gelaufen, da gab's noch keine Handys, und ich habe immer gesund nach Hause gefunden. Sie müssen keine einsamen Routen wählen, damit sind Sie dann nicht allein. Sollten Sie auf Ihrer Ruhewanderung unbedingt erreichbar sein müssen, treten Sie sie lieber gar nicht an. Es wäre sinnlos.

Sie sollten nur für sich empfänglich sein. Nehmen Sie wahr, bewerten Sie nicht. Machen Sie sich nicht selbst zu viel Druck. Zu erwarten, die Unruhe in den Wald hineinzutragen und auf der anderen Seite ohne sie wieder herauszukommen, ist nicht Sinn der Sache. Sie werden die Unruhe verlieren, aber nicht beim ersten Mal.

Das Ziel ist die Lebensruhe, und dorthin ist der Weg lang und nicht gerade. Man entscheidet sich für ihn, für einen Spaziergang, für eine Therapie in der Natur. Man entscheidet sich wieder einmal für Ruhe. Es ist keine Wissenschaft, es hat eher etwas Philosophisches.

Wie stoisch ist die Ruhe?

Mark Aurel begleitet uns seit Jahrhunderten auf Kalenderblättern. Doch da ist noch mehr.

Auf der Suche nach Ruhe kommt man am Stoizismus nicht vorbei. Und als Ruhe-Experte erst recht nicht. Ich halte das für ebenso wichtig wie faszinierend. Ganz allgemein wird sowohl im Mentoring als auch in der Therapie oft auf uralte Konzepte zurückgegriffen. Viele psychotherapeutische Interventionen, die wir heute anwenden, stammen aus dem Stoizismus. Weil ich selbst kein Philosoph bin, arbeite ich mit philosophischen Mentoren zusammen, vereine meine Expertise mit deren Wissen und zeige die Aspekte auf, die therapeutisch Verwendung finden.

In diesem Licht sehe ich den Überblick über die stoische Philosophie, der mir sehr am Herzen liegt. Es fasziniert mich auch persönlich, wie die Lehre der Stoa noch heute gültige Erkenntnisse liefert, sofern man sie über die Zeit hinweg übersetzt. Mir als ehemaligem Heißläufer haben sie gute Dienste erwiesen.

Das Philosophische an der Ruhe kommt zu einem Gutteil aus dem Stoizismus. Allerdings nicht ganz so eingeschränkt, wie es landläufig verbreitet ist. Stoisch ist nicht nur ein Synonym für ruhig oder gelassen. Und schon gar nicht für gleichgültig. Etwas stoisch über sich ergehen lassen, bedeutet nicht, dass einem irgendwas egal ist. Besonnenheit ist etwas anderes als Passivität. Überhaupt steckt um einiges mehr dahinter.

Rein sprachlich kommt das Adjektiv aus dem Lateinischen von *stoicus*, was übersetzt nicht mehr heißt als: die Stoa betreffend. Und Stoa bezieht sich vorerst einmal auf die Architektur. Die Stoa war neben den Akademien von Platon, Aristoteles und Epikur eine der großen philosophischen Denkschulen im alten Griechenland, und ihr Gründer, Zenon von Kition, benannte sie nach der Säulenhalle auf der Agora, dem Marktplatz gegenüber der Akropolis in Athen, wo er sich vorwiegend mit seinen Schülern traf. Zenon wählte die bemalten Säulen der bunten Vorhalle, der *Stoa Poikile*, als Versammlungsort, weil er aus den Hörsälen hinaus und unter die Leute wollte. Was erdacht wurde, sollte einen praktischen Nutzen haben und den Menschen im Alltag helfen.

Ist gelungen, wenn man sich die vielen Kalendersprüche, die der Stoa entsprungen sind, und die Ratgeber, die vor allem in schwierigen Zeiten auf den Markt kommen, ansieht. Die Stoa entstand 300 vor Christus und enthält Erkenntnisse, mit denen wir 2.300 Jahre später immer noch etwas anfangen können. Wenn auch in anderen Zusammenhängen, immerhin ändert sich die Welt in zwei Jahrtausenden ein bisschen. Die Stoiker, überzeugt von der Vergänglichkeit allen Seins, glaubten diesbezüglich übrigens an einen großen Crash nach jeweils 2.000 Jahren, wonach alles immer wieder von vorn beginnen würde.

Dass die Stoa eine der stärksten Säulen ist, auf die sich die Ruhe stützt, liegt an den Werten dieser philosophischen Lehre. Ganz oben stehen Tugendhaftigkeit, Mut, Gerechtigkeit und Weisheit. Das ist das Quartett, ohne das es nicht gelingen kann, ein gutes Leben zu führen, und ein gutes, für einen selbst stimmiges Leben ist wiederum die Voraussetzung für den inneren Frieden. Dabei stützt man sich auf Bescheidenheit, Gelassenheit, Ruhe, Reflexion, Akzeptanz und Selbstbeherrschung und strebt nach emotionalem Gleichmut, der Selbstgenügsamkeit und der Unerschütterlichkeit selbst in Krisen und Katastrophen.

Das Prädikat stoisch also nur gleichmütigen Menschen umzuhängen, die sich durch nichts aus der Ruhe bringen lassen, wird dem Stoizismus nicht gerecht. Sich auf einer Art pragmatischem Fatalismus auszuruhen, ist nicht die Idee. Dazu sind die Fragen, die die Stoiker von Zenon bis Seneca, von Sokrates bis Mark Aurel aufwerfen, zu existenziell. Wie meistern wir das Leben mit all seinen Schwierigkeiten? Wie gehen wir mit Freundschaft um und wie mit Feindschaft? Wie bewältigen wir Konflikte? Wie begegnen wir Ungerechtigkeit? Und wie stehen wir zum Tod? An diesen großen Lebensfragen hat sich seit dem antiken Griechenland tatsächlich wenig verändert.

Genau darauf hätten wir auch heute gern eine Antwort, und irgendwie bekommen wir sie auch aus der Stoa, ungeachtet, wer, was, woher und wie wir sind.

Da interessiert es einen schon, wer das war, dieser Zenon von Kition, mit dem das alles anfing.

Es begann mit einem Untergang.

Zenon war der Sohn eines Kaufmanns und handelte auf Zypern mit purpurnem Farbstoff, einem damals sehr luxuriösen Gut, das aus dem Blut von Meeresschnecken gewonnen wurde. Die Arbeit war mühsam und schwierig, wie es so üblich war, erledigten sie Sklaven. Der Handel blühte. Zenon machte gute Geschäfte mit den Reichen, Schönen und Mächtigen, die gediegene Farbe in ihr Leben bringen wollten. Er führte, auf eine Art, ein gutes Leben. Bis eines seiner Schiffe samt der kostbaren Fracht unterging und mit ihm sein gutes Leben. Er war pleite, aber nicht untätig. Von allen Möglichkeiten, die man nach so einem Bankrott hatte, kam er auf die Gedanken, nach Athen zu gehen und Philosoph zu werden.

Philosoph zu sein, war im Athen dieser Zeit kein seltener Beruf. Heute würde man von einer ganzen Schwemme von Philosophen reden. Frauen und Sklaven mussten arbeiten, die Männer, die es sich leisten konnten, dachten. Zenon suchte sich gute Lehrer, unter anderem soll er auch an Platons Akademie gewesen sein, und nach elf Jahren begann er selbst zu lehren. Die Gedanken der Philosophen waren damals sowas wie Radio, Fernsehen und Social Media in einem. Jeder interessierte sich für Erkenntnisse aus den Denkschulen, und Zenons Stoa wurde eine der größten. Er hatte nach dem Schiffbruch nach den Grundsätzen gehandelt, die später seiner Lehre zugrunde liegen würden. Er war mutig gewesen, hatte weise gehandelt und tugendhaft Pflicht vor Wohlstand gestellt. Im Laufe der Zeit schlossen sich große Denker des Abendlandes wie Cicero, Cato, Epiktet oder Mark Aurel seiner Lehre an. Wir können es als ein Zeichen der Bescheidenheit oder als eines für die Prioritäten unseres Bildungssystems werten, dass die meisten seiner Anhänger berühmter wurden als ihr Denkervater Zenon.

Wer sich für die innere Ruhe entscheidet und sich zu ihr auf den Weg macht, wandelt auf den Spuren des Stoizismus. Zu allem, was das Fundament der inneren Ruhe ausmacht, haben die Denker der Stoa schon vorgedacht. Ihr Fokus war nicht explizit darauf gerichtet, die innere Ruhe zu finden. Aber das gute Leben, das Leben in Einklang mit der Natur und sich selbst, das sie als gelungen und letztlich auch als glücklich bezeichneten, ist ohne innere Ruhe nicht wirklich vorstellbar. Die Stoa strebt mit Gelassenheit und Seelenruhe nach Weisheit. Stoa und

Ruhe befeuern sich also gegenseitig, die Ruhe und die Stoa.

Weil ich gerade den Einklang mit der Natur erwähnt habe. Das ist wahrscheinlich der oberste Grundsatz des Stoizismus. Wenn wir das für unseren Zweck übersetzen, bedeutet es: Gib dich einer Sache hin, die Bedeutung hat, deinem Wesen entspricht und dem Gemeinwohl nützt.

Kurz vielleicht:
Finde den Sinn in deinem Leben.
Finde heraus, warum du da bist, und handle im Einklang damit.

Das ist es im großen Zusammenhang, was ich mit der Entscheidung für die innere Ruhe meine, die dann die Gestaltung des eigenen Lebens nach den Wünschen und Träumen ermöglichen kann.

Aus heutiger Sicht löst der Bezug zur Natur eine etwas andere Assoziation aus. Dass nämlich weit mehr Bezug zur Natur nötig ist, um eine Welt, die schon mit einem Bein in der Klimakatastrophe steht, vielleicht doch noch zu retten.

In der Stoa aber haben wir es mit den alten Griechen zu tun und ab etwa 160 nach Christus dann auch mit den alten Römern, nachdem die Lehre des Stoizismus von Athen ins römische Reich getragen wurde. Damals hatte man natürlich einen anderen Bezug zur Natur, und es ist damit nicht nur Flora und Fauna gemeint, sondern auch das Wesen des Menschen.

Obwohl man schon Parallelen ziehen kann. Der herausragendste der späten Stoiker, der römische Kaiser Mark Aurel, regierte etwa in einer Zeit, die durchaus etwas in uns zum Klingen bringt.

Er hatte in seiner Regentschaft zwischen 161 und 180 nach Christus mit Naturkatastrophen, vor allem dem furchtbaren Hochwasser zu kämpfen, als der Tiber über die Ufer trat, mit der Antoninischen Pest, die wahrscheinlich eine Pocken-Pandemie war, und mit immer mehr Kriegsfronten.

Wie der Kaiser mit stoischen Prinzipien versuchte, dabei gelassen zu bleiben, hielt er die letzten zehn Jahre seines Lebens über in seinen *Selbstbetrachtungen* fest. Wobei man dazusagen muss: Er schrieb sie im Feldlager, geschliffene Gedanken in noch geschliffenerem Griechisch, während in seinem Reich die Christen verfolgt und niedergemetzelt wurden. Auch Stoiker sind nur Menschen. Die *Selbstbetrachtungen* sind eine Art Übungsbuch, falls Sie Interesse haben. Mark Aurel notierte, wie man sich verhalten müsse, um ein gutes Leben zu erreichen, sei es als Kaiser oder Untertan. Er schrieb sich damit in die Weltliteratur ein.

Mark Aurels Erkenntnisse aus dem späten Stoizismus, der auch römische Staatsphilosophie war, leben heute in Krisenzeiten immer wieder auf, meistens als kleine Büchlein oder Kalendersprüche. Aus rein philosophischer Sicht sind die Betrachtungen dann keine wissenschaftliche Auseinandersetzung mit dem sehr komplexen und in sich oft widersprüchlichen Stoizismus, der sich durch seine Denker und ihre Modelle über fünfhundert Jahre hinweg auch sehr verändert hat. Doch als Empfehlungen für die innere Ruhe, die Säule der Stoa, sind ihre Zitate letztlich doch hilfreich. Etwa Mark Aurels Aussage über die Meinung der anderen, die so vergänglich sei wie diese selbst und deshalb keinerlei Einfluss haben solle:

»Ein Edelstein wird auch nicht schöner, wenn er gelobt wird.«

Dem Philosophenkaiser haben wir übrigens auch das Bild der inneren Burg zu verdanken. Mark Aurel sah sie als Festung gegen die »außen andrängende und treibende Welt wie auch die von innen andrängenden und aufreizenden Triebe.« Für ihn war dieser Ort der ruhige Geist, eine Zitadelle, absolut wehrhaft gegen alles, was die Ruhe rauben könnte. »Nirgendwo werden wir einen friedlicheren Rückzugsort finden als unserem Kopf.«

Isaac Newton sagte ein paar Jahrhunderte später mit seinem Trägheitsgesetz nichts anderes: Ein ruhender Körper bleibt in Ruhe, wenn keine äußeren Kräfte auf ihn einwirken.

Letztlich ging es Mark Aurel auch um die Haltung, die man im Leben einnehmen sollte, wenn ich das als einfacher Ruhe-Experte einmal so verkürzt sagen darf. Ich habe die Burg etwas ausgebaut und zum Domizil der personifizierten inneren Ruhe gemacht, ich hoffe, der Kaiser verzeiht mir.

Wie tugendhaft Mark Aurel tatsächlich gelebt hat, weiß ich nicht. Man ist sich einig, dass er es versucht hat. Tugendhaftigkeit, eine der vier tragenden Säulen der Stoa, bedeutet vor allem, das Richtige zu tun. Und richtig ist wiederum, mehr Wissen als Meinung zu haben.

Auch hier brauchen wir eine kleine Übersetzungsbrücke über die Jahrhunderte hinweg. Meinungen stehen bei den Stoikern nicht sonderlich hoch im Kurs. Eine Meinung konnten alle haben, sich irgendetwas über Gott und die Welt zusammenzureimen, steht den Menschen frei. Eine Meinung konnte aus dem Bauch kommen, aus reinen Annahmen oder Vorurteilen bestehen. Wir sehen es heute als Denkleistung, uns eine Meinung zu bilden. Genau das aber verstanden die damaligen Denker unter Wissen.

Eigenständiges Denken ist eine stoische Tugend. Und die hat viel mit einem weiteren Leitsatz zu tun:

Konzentriere dich auf das, was du beeinflussen kannst; akzeptiere, was du nicht ändern kannst, und gestalte, was in deiner Macht liegt.

Das ist nicht allzu leicht, wie ein Seminarbesucher erzählte, der es mit einem Vorgesetzten zu tun hatte, dessen unbeherrschte Art ebenso unerträglich für ihn war wie die starre Unternehmensstruktur, die nicht darauf einging. Beides waren die Umstände, die Unruhe in sein Leben brachten, und beides war nicht zu ändern. Das zu erkennen, war der erste Schritt, und allein der ist schon hilfreich. Der zweite bestand darin, herauszufinden, welche Gedanken und Handlungen es im Rahmen dieser Möglichkeiten gab, um die Situation zu verbessern.

Die meisten Menschen empfinden Vorkommnisse oder Taten anderer oft jahrelang als belastend, ohne sich bewusst zu sein, dass es nicht die Menschen sind, unter denen sie leiden, sondern die Umstände, die nicht zu ändern sind. Mir ist es in meiner Arbeit wichtig, es nicht diesen Umständen weiter zu ermöglichen, Einfluss auf das Handeln der Klienten zu nehmen, sondern Umstände zu schaffen, die es den Klienten ermöglichen, beruhigt damit zu leben.

Das Stichwort dazu ist die Dichotomie der Kontrolle und bedeutet, sich nicht am Ungreifbaren abzuarbeiten. Wir haben keinen Einfluss auf Seuchen, Konflikte, Kriege. Als Individuum haben wir keinen Einfluss auf Inflation, auf Schicksalsschläge oder darauf, was andere über uns denken. Sich darüber zu ärgern, zu lamentieren, sich überhaupt zeitlich oder emotional damit aufzuhalten, bringt keinen Nutzen. Vor allem Kontrollmenschen werden das ungern hören.

Oft wird das Bild eines Pfeilschützen für die Dichotomie der Kontrolle herangezogen, weil die Analogie dabei so schön zu erkennen ist. Stellen Sie sich vor, Sie sollen mit Pfeil und Bogen ins Schwarze einer Zielscheibe treffen. Sie spannen den Bogen, Sie heben ihn und zielen auf die Mitte der Scheibe. Dann lassen Sie los, am besten in Übereinstimmung mit ihrem Kairos, dem für Sie richtigen Zeitpunkt. Mehr können Sie nicht tun. Alles weitere liegt nicht mehr in Ihrer Macht. Sie haben keinen Einfluss darauf. Alles, was passiert, während Ihr Pfeil schon fliegt, entzieht sich Ihrer Kontrolle. Sei es, ob ein Windstoß kommt und das Geschoss etwas ablenkt. Sei es, dass jemand das Ziel wegträgt. Der Zeitpunkt, den Sie gewählt haben, um den Pfeil auf seinen Weg zu schicken, war trotzdem der richtige. Der Rest möge geschehen.

Die Sehne auszulassen, lässt sich gut als Zeichen des Loslassens sehen. Denn ein Loslassen ist es, was in dem Moment gefordert ist. Loslassen und vertrauen. Auch das ist ein wichtiger Bestandteil der inneren Ruhe.

Dazu gibt es im Zusammenhang mit der ständigen Erneuerung der Entscheidung zur inneren Ruhe ein Ritual. Ich rufe es mir selbst tagtäglich ins Bewusstsein, wenn ich von zu Hause weggehe. Michi, sage ich mir, heute werden Dinge passieren, die sich deiner Kontrolle entziehen werden. Und dann gelingt es mir, mich zu freuen, egal, wie die Dinge passieren, ich freue mich des Lebens.

Dem Unbeeinflussbaren derart ausgesetzt zu sein, ist keine Resignation und sollte nicht mit Tatenlosigkeit verwechselt werden. Wir haben vielleicht keine Handhabe gegen das Unverrückbare, aber über unsere Gedanken und unsere Handlungen können wir selbst bestimmen. Der stoische Leitsatz dazu heißt:

Nutze den Verstand, um zu hinterfragen,
ob du handeln solltest oder nicht.

Vor dem Handeln war es den Stoikern wichtig, die Dinge zu analysieren. Vor der Tat sollte immer der Gebrauch der Vernunft stehen. Hinter diesem Rat steht die Art, wie

Menschen gewöhnlich auf etwas reagieren, nämlich mit ihrer Urteilskraft. Ärger, Kummer, Zorn oder Freude entspringen nicht dem Ereignis, sondern unserer Bewertung dessen, was da passiert ist. Und diese Bewertung drängt sich nicht von außen auf, sie entsteht in unserem Inneren, wir hatten das Thema schon in Zusammenhang mit der Interpretation meines Stirnrunzelns. Da die Urteile an uns liegen, liegt es im Verständnis des Stoizismus auch an uns, sie zu beseitigen.

Wozu es klare Anleitungen gibt. Zum Beispiel:

Lerne dich und dein Umfeld aufmerksam zu beobachten und die Welt so zu sehen, wie sie ist, ohne sie gleich zu beurteilen.

Auf eine Metaebene zu gelangen, von der aus man die eigene Situation aus der Distanz der Vogelperspektive von oben beobachtet, verhindert, dass das jeweilige Problem zu einem subjektiven Makroereignis wird. Wenn man von der Metaebene auf das jeweilige persönliche Problem herabblickt, verliert es an Dynamik und Drama, es wird vielmehr zum Mikroereignis, zu einem Ereignis neben vielen anderen.

Es wirkt plötzlich weniger schwer.

Das ist Teil der Analyse und ermöglicht uns, etwas nicht nur über den Daumen einzuschätzen, sondern auf Fakten aufzubauen. Für den einstigen Sklaven Epiktet, der nach seiner Freilassung zu einem der großen stoischen Philosophen wurde, ist das Reflektieren die erste Pflicht vor jeglichem Handeln.

Er meinte dabei nicht nur, alles zu hinterfragen. Es gehört auch dazu, die eigenen Schwächen zu sehen und sich zu ihnen zu bekennen. Dazu braucht man Mut, einer der vier wichtigsten Werte der Stoa. Nur dann könne man sich verändern und persönlich wachsen.

Haben Sie schon einmal etwas vom Akrasia-Effekt gehört? Man versteht darunter etwas, was wir alle kennen: das Handeln wider besseres Wissen. Etwas zu tun, wovon wir im Moment schon wissen, dass es falsch ist.

Beispiel:

Eine Person will einen neuen Wagen kaufen. Sie hat eine große Familie und einen Hund. Ein Fiat Panda wird ihr angeboten, in den sie sich auf Anhieb verliebt. Kleines, handliches Auto, für ihre Zwecke aber völlig ungeeignet. Trotzdem schlägt sie zu.

Es ist nicht so, dass das komplett unvernünftig wäre. Ein Panda verbraucht weniger Benzin und ist keine solche Belastung für die Umwelt wie der SUV, den die Familie platzmäßig brauchen würde. Doch das macht die Entscheidung in diesem Fall nicht richtiger. Es war ein Kauf wider besseres Wissen.

Das Wort Akrasia bedeutet übrigens auch Willensschwäche. Für die Stoiker, die Disziplin für eine große Tugend hielten, ein No-Go. Und doch ist es zutiefst menschlich, weil es biologisch so in uns angelegt ist. Unser Gehirn ist darauf ausgerichtet, Verhalten, das dem Organismus aus seiner Sicht nützt, zu belohnen. Das hat die Evolution zu unserem Wohl so eingerichtet, letztlich auch deshalb, um Energie zu sparen.

Die Belohnung geht wieder einmal vom limbischen System aus und springt aus Gründen an, die Jahrmillionen zurückliegen. Der landläufig als Glückshormon bezeichnete Neurotransmitter Dopamin wird ausgeschüttet, wenn wir im Sinne der Evolution etwas richtig gemacht haben. Zum Beispiel auch dann, wenn wir Zucker essen, weil wir damit Reserven anlegen, mit denen wir über die nächste Hungersnot kommen.

Dopamin bedeutet immer: bitte mehr davon.

Das Prinzip hatte seine Berechtigung, solange Nahrung nicht im Überfluss vorhanden und mit Mühe und Mut beschafft werden musste. Seit sich unsere Tische unter dem permanent verfügbaren und leicht zu besorgenden Essen biegen, ist die Bitte nach mehr kontraproduktiv, insbesondere mehr von allem, was Zucker enthält, wie das Übergewicht der Menschen in der westlichen Welt zeigt. Wie zeitgemäß das Richtige heute noch ist, ist im limbischen System aber kein Thema. Es kann auch nicht unterscheiden, ob wir auf der Couch liegen, weil wir uns im Modus der inneren Ruhe befinden, oder ob wir auf der Couch liegen, obwohl wir hinausgehen und eine Runde im Park laufen sollten. Fürs Gehirn sind der unmittelbare Genuss und der Sparmodus relevant.

Um dieser Versuchung zu widerstehen, brauchen wir starke Nerven. Standhaftigkeit versus die geballte Kraft der menschlichen Entwicklungsgeschichte, das ist eine Herausforderung. Wir kennen sie vermutlich alle, und wir haben wahrscheinlich alle schon mal diesen Wettkampf verloren. Andererseits kommen wir nicht darum herum, immer wieder gegen die eigene Natur anzutreten, um nicht in die Dopamin-Falle zu tappen. Es ist nicht leicht, uns *gegen* die Unvernunft zu stellen, die gerade so attraktiv lockt, obwohl wir uns damit ja auch *für* die innere Ruhe entscheiden, die wir als höchstes Gut in unserem Leben anstreben. Aber letztlich wird diese Alternative im Laufe der Zeit doch immer attraktiver und es gelingt besser und besser, den ruhigeren Weg einzuschlagen.

Dazu braucht es auch eine Auswahl an Menschen, die einem in diesem Prozess zur Seite stehen. Alle, die uns ausnutzen, uns Energie rauben, uns hinunterziehen oder uns eben zu Taten verführen, die Unruhe ins Leben bringen, sollten wir besser meiden. Im Gegensatz zu den Menschen, die uns inspirieren und guttun.

Auf die Frage, wer oder was uns guttut, hat der Stoizismus eine klare Antwort: Es ist auf jeden Fall nicht das, was unsere Emotionen damit verbinden. Deshalb der stoische Grundsatz: *Lerne souverän mit deinen Emotionen und Affekten umzugehen.*

Emotionen sind keine guten Ratgeber in den Augen der Stoiker.

Die Sichtweise brachte ihnen die Kritik einer gefühlskalten Philosophie ein, und auch jetzt werden die eine oder der andere unter Ihnen vielleicht ähnlich empfinden. Und genau da setzt die Stoa an, bei diesem Empfinden, das so spontan und schnell eintritt. Sie ist nicht mehr als der Reiz der ersten Wahrnehmung. Sie lesen etwas, und ein Gefühl tritt ein. Diesen ersten Emotionen sollte man im Sinne der Stoa misstrauen. Sie sind nichts als übereilte Urteile.

Wie oft reagieren wir mit Schrecken, bis sich herausstellt, dass uns keine Gefahr droht. Womöglich sogar das Gegenteil eintritt, und Sie nachher sagen, dass Ihnen nichts Besseres passieren hätte können. Gefühle täuschen also. Davor warnt die Stoa und ist der Überzeugung, dass wir uns besser an unsere Prinzipien halten sollten, statt unserem Gefühl zu folgen. Selbst bei den Emotionen in unseren Beziehungen zu anderen sind die Stoiker skeptisch. Und dort setzt der zweite Grundsatz an, der sich in dem Zusammenhang herauskristallisiert hat:

Gehe vorsichtig mit deinen
Emotionen um und übertreibe nicht damit.

Kognitive Emotionen sind anlassbezogen und keine Last, denn es ist ganz normal, sich im Leben manchmal glücklich, wütend oder traurig zu fühlen. Kein noch so positives Denken wird Sie von gelegentlichen unangenehmen Gefühlen abhalten. Instinktive Emotionen hingegen sind giftig. Wenn Sie sich bei einem Streit aufregen und zwanzig Jahre lang wütend bleiben, ist das ein klares Zeichen für ein Triebgefühl. Und wenn wir von dieser Art von Emotionen überwältigt werden, versuchen wir uns unerbittlich davon zu überzeugen, dass wir Recht haben und die andere Person im Unrecht ist.

Das führt zu einer Verweigerung der Vergebung. Mit jeder Erinnerung an die verletzende Situation wird das Nervensystem erneut mit Adrenalin geflutet. Diese toxischen

Emotionen bringen oft auch Geschichten aus der Kindheit ans Licht und überlagern den aktuellen Moment. Sie hindern uns daran, authentische Empfindungen im Hier und Jetzt zu haben.

Gerade was Beziehungen angeht, brauchen wir nicht lange zu überlegen. Aufbrausen tut einer Gemeinschaft oft ebenso wenig gut, wie ein übermäßiges Gefühl der Eifersucht. Der eine ist zu wütend, die andere zu furchtsam, der eine zu schnell beleidigt, die andere zu eifersüchtig. Oder auch umgekehrt. Bei aller Begeisterung für die Leidenschaftlichkeit: Es kann nicht schaden, wenn da etwas mehr Ruhe einzöge.

Die Stoiker denken, dass wir für unsere Gefühle selbst verantwortlich sind. Sie entstehen einmal mehr durch Urteil und Bewertung, und da ist der Mensch oft am Irren. Aber sie gehören zu den Dingen im Leben, die wir beeinflussen können. Wobei das nicht darauf hinauslaufen soll, dass wir unsere Gefühle komplett unterdrücken. Wir sollten sie nur ein bisschen mehr dosieren.

Mir gelingt das, weil ich es mir zur täglichen Übung gemacht habe, mich nach erlebten Affekten fürs Erste bewusst zurückzunehmen. Wenn ich dazukomme, wie der Parkplatznachbar mit seiner Autotür mit voller Wucht gegen meinen Wagen schlägt, ohne es auch nur wahrzunehmen, explodiere ich nicht mehr unmittelbar. Es hat viel Mühe und konsequentes Üben gekostet bis zur Bereitschaft, zuzuwarten und dann die Sache in einer affektneutraleren Problemlösung anzusprechen. Wenn er wie in diesem Fall alles abstreitet, gibt es Sachverständige, die mit technischen Hilfsmitteln klären, wie der Schaden am Auto entstanden ist. Hätte ich, ohne zu zögern, reagiert, also getobt, wäre die zielführende Lösung die gleiche geblieben, allerdings mit einem enormen Einsatz an Emotionen, die lediglich mir im Weg gestanden wären. Das Mühevolle am konsequenten Üben ist mittlerweile überstanden. Heute macht es mir tatsächlich Freude, mich in diesem Zurücknehmen zu üben, weil es mir als Grundlage für eine gesunde Spontanität dient. Übrigens ist auch dieses Üben eine Entscheidung.

Damit sind wir wieder bei den Stoikern, die anregen, sich das Schlimmste auszumalen und stets auf Rückschläge gefasst zu sein.

Mein Zugang für die Dosierung der Gefühle ist ein instinktiver. Ich persönlich hatte diese Einstellung schon immer. Als ich damals mit 17 Gotthard Rieger bei Ö3 anrief, und er mich nach Wien einlud, freute ich mich, aber ich war nicht aus dem Häuschen. Irgendwie wusste ich: Freuen genügt, ich muss es nicht übertreiben. Den gleichen Instinkt hatte ich, wenn es mir schlecht ging. Schlecht fühlen genügt, ich muss mich nicht extrem schlecht fühlen.

In meinem Fachgebiet, der Psychiatrie, begegneten mir die dosierten Emotionen dann wieder mit dem Begriff der Euthymie. Er ist sogar älter als die Stoa. Es war Demokrit, der ihn eineinhalb Jahrhunderte davor prägte. Gemeint ist damit ein Zustand emotionaler Ausgeglichenheit, ein inneres Gleichgewicht. Wir bezeichnen das als Wohlgemut, und das ist auch eines der Ziele bei Behandlungen von psychischen Erkrankungen. Dabei kann es sogar zum Verlust der Freude kommen, man nennt das Symptom Anhedonie. In der Psychosomatik kennt man die bereits erwähnte Alexithymie, ein Persönlichkeitsmerkmal von Menschen, die in Begegnungen und Gesprächen keine oder sehr eingeschränkt Gefühle zeigen können.

Wer jetzt das Gefühl hat, dass es besser wäre, emotionslos durchs Leben zu gehen, schießt gefühlsmäßig übers Ziel hinaus. Das ist nicht die Botschaft, ganz und gar nicht. Je mehr Gefühl, desto besser, und das in der gesamten Bandbreite. Die Warnung gilt nur der Intensität. Die Dramaqueens dieser Welt sind nicht prädestiniert für die Vorbildrolle eines in sich ruhenden Menschen.

In jungen Jahren, insbesondere in der Pubertät, wo Gefühle machen, was die Hormone wollen, ist es fast cool, sich in alles möglichst hineinzusteigern. Aber die Pubertät ist auch nicht die Phase im Leben, in der innere Ruhe wichtig, geschweige denn leicht zu finden ist. Ich meine natürlich, man kann nicht früh genug beginnen, damit anzufangen. »Weder freue dich in der Freude, noch vergräme dich im Leid übermäßig. Und vergiss nicht, welchen Takt das Leben hält«. So fasst es Albert Kitzler in seinem Buch *Philosophie to go* zusammen.

Konzentriere dich auf das Wesentliche, erfülle keine fremden Erwartungen, halte deine Emotionen im Zaum, urteile nach dem Verstand, denke pragmatisch, verabschiede dich vom Perfektionismus, verhalte dich integer und solidarisch und orientiere dich an Weisheit, Mut, Mäßigung und Gerechtigkeit. Selbst den ewigen Fingerzeig auf die Endlichkeit des Lebens sehe ich als hilfreich. Memento mori. »Sei dir deiner Sterblichkeit bewusst« mag für pessimistische Naturen nicht allzu aufmunternd klingen. Aber man kann es auch anders sehen: Hab keine Angst vor dem Tod.

Durch die Bewusstwerdung der Vergänglichkeit allen Lebens verlieren wir ein Stück weit auch die Angst vorm eigenen Tod. Die Tatsache, dass es Millionen von Jahren vor mir und viele Jahrtausende nach mir allen Wesen dieser Welt gleich ergangen ist und ergehen wird, entschärft die Dramatik des Erlebten im Jetzt. Momentan sind wir hier. Ist das nicht schön? Ich schätze das.

Die stoischen Ansätze, hinter denen so unerschütterlich die innere Ruhe steht, sind bis zu 2.300 Jahre alte Weisheiten und haben sich seither in ihren Grundzügen an jede Zeit anpassen lassen. Die Stoa war nach Mark Aurel ja nicht zu Ende. Immer mehr stoische Denker schlossen sich an, bis heute. Wir würden vieles heute anders ausdrücken und es ins Jetzt transformieren, wie wir es in diesem Kapitel gemacht haben. Vieles wurde weiterentwickelt, wie es auch bei Aristoteles und den Anfängen der Logik war. Aber im Kern hat sich nichts als falsch oder komplett überholt herausgestellt. Wir können immer noch auf sie zurückgreifen. Wir sind bei der Stoa 2.0 angelangt.

In der Therapie kann die Gültigkeit der stoischen Regeln ein großes Feld abdecken. Der Mensch ist in seinem Zusammenspiel zwischen Körper, Geist und im Hinblick auf die innere Ruhe auch auf die Seele in den Grundzügen gleichgeblieben. Wir haben uns entwickelt, aber wir funktionieren im Prinzip nach demselben Bauplan. Deshalb profitieren wir von den alten Weisheiten, für unsere Gemütsruhe und unseren Seelenfrieden.

Die Freiheit der Wahl

Wir können wählen, was uns guttut. Aber über all dem Liken haben wir das Wählen verlernt.

Wir haben die Wahl. Ich weiß nicht, wie oft ich mir diesen Satz selbst schon vorgesagt habe, und wie oft ich ihn in meiner Arbeit mit Ruhesuchenden betont habe. Irgendwie erstaunlich, denke ich mir dabei immer wieder. Die Freiheit der Wahl ist etwas, das den Menschen vom Tier unterscheidet, wir können vorausdenken und uns sogar unter mehreren Möglichkeiten entscheiden. Dafür haben wir die geistige Kapazität. Das tun wir am Tag ungezählte Male. Wir treffen Hunderte Entscheidungen in für den weiteren Lebensweg völlig unwichtigen Details. Aber vor den größeren, vielleicht lebensändernden Entscheidungen tun wir so, als hätten wir keine Wahl.

Die Entscheidung für die Ruhe ist so eine Wahl.

Wir können in unserem Leben wählen, was unserer Ruhegestaltung guttut. Ja, wird man sagen, im Hinblick auf das Wohl der Gemeinschaft vielleicht nicht immer zu hundert

Prozent, aber ja, wir können wählen. Und doch ist uns das nicht wirklich bewusst. In meinen Gruppen erlebe ich häufig, wie die Erkenntnis greift. So ein Satz ist schnell hingesagt, ich habe die Wahl. Aber seine Bedeutung tatsächlich zu erfassen, zu begreifen und zu verinnerlichen, ist etwas anderes. Es sind gewaltige Momente, wenn das passiert. Wenn meinen Klienten im Wochenendseminar klar wird, dass sie im eigenen Leben tatsächlich wählen können.

Ich weiß nicht, wann uns diese Entscheidungsfähigkeit abhandengekommen ist. Ich vermute, dass es schon in sehr jungen Jahren passiert ist, als wir im Kindesalter beim Spielen und beim Neugierigsein nicht unterstützt oder, noch schlimmer, gestört wurden.

Heute werden wir von der Flut an Wahlmöglichkeiten regelrecht überrollt. In unserer Gefällt-mir-gefällt-mir-nicht-Gesellschaft gibt es gefühlt nichts anderes als Wahlmöglichkeiten. So viele hatten wir noch nie im Leben. Gleichzeitig ergeben sich dabei aber auch viel größere Beschränkungen. Zusehends nimmt uns künstliche Intelligenz Entscheidungen ab, mit dem Argument, dass das viel bequemer ist für uns. Ich denke eher, es *macht* bequem. Bequem im Denken. Bequem in der Lust, sich zu entscheiden. Zu bequem für die Ruhe. Paradox, nicht?

Und doch: Die selbstständige Entscheidung über die eigene Lebensgestaltung ist eine Freiheit des Tuns. Aus der täglichen Möglichkeit zu wählen, entsteht eine Art Eudämonie. Eine gelungene Lebensführung nach den Anforderungen und Grundsätzen einer philosophischen Ethik und damit verbunden ausgeglichenen Gemütszustand. Kurz: ein seelisches Wohlbefinden, letztlich ein Zustand des Glücks.

Wobei wir jetzt über das Glück und seine Beschaffenheit philosophieren könnten, ob es denn ein Zustand sein kann oder nur ein wunderschöner, aber flüchtiger Augenblick. Wenn ich an meine großen Entscheidungen im Leben zurückdenke, war von Glück vorerst noch nicht die Rede. Als ich begann, Medizin zu studieren, war ich noch bei Ö3, von innerer Ruhe war bei dieser Doppelbelastung wenig zu merken. Ich war ein junger Mann um die dreißig, ich habe Ö3-Discos bespielt, es war meine Zeit. Aber irgendwann wusste ich, ich muss mich entscheiden. Beides geht nicht. Wenn ich beim Radio bleibe, wird es nichts mit dem Studium, und wenn ich nebenbei studiere, wird es mit dem Radio auch nichts. Ich entschied mich für die Medizin.

Es dauert zwölf Jahre bis man Psychiater ist, sechs Jahre Medizin-Studium, sechs Jahre Facharzt. Zwölf Jahre, das ist lang. Dann dauert es noch einmal sieben, acht Jahre, bis man Psychotherapeut ist. Dann sind es schon zwanzig Jahre, das ist wirklich lang. Und das alles, ohne wirtschaftlich gesichert zu sein. Ich habe das Medizinstudium frei finanziert, mit einem Kredit. Das würde heute nicht mehr gehen. Würde ich heute zur Bank gehen und sagen, ich studiere Medizin, geben Sie mir bitte 40.000 Euro, rufen die Bankbeamten den Notdienst.

Ich will Ihnen damit nicht sagen, nur Geduld, in zwanzig Jahren klappt das dann schon mit der gelungenen Lebensführung. Ich will sagen, dass auf die Entscheidung ein Prozess folgt. Es war mir schon klar, dass ich nicht aus dem Ö3-Studio hinausgehe und übermorgen als entspannter Psychotherapeut in einem Raum mit Parkettboden, einem Teppich und zwei Sesseln dasitze, einen Kaffee trinke und in aller Ruhe arbeite. Mein Ziel war die innere Ruhe, und den Weg zu ihr bin ich gegangen, und zwanzig Jahre lang hat es bei mir gebraucht, bis ich so weit war, andere auf ihrem Weg zur inneren Ruhe zu begleiten.

Die innere Ruhe immer wieder zu erneuern und einzufordern, braucht vor allem zu Beginn des Prozesses viel Konsequenz. Aber diese Phase dauert nicht ewig und ab einem bestimmten Moment freut man sich darauf, sich in seiner Entscheidungsfähigkeit immer weiter verbessern zu können. Man merkt einfach, wie gut es einem tut. Ich sehe es schon lange nicht mehr als Pflicht, ich erfreue mich an der Praxis. Und daran, dass es mir immer besser gelingt.

Mir gelang das mit meiner Tochter, um nicht zusagen, ihr gelang es mit mir. Und es gelingt ihr immer noch, auch während ich dieses Buch schreibe. Wenn sie sagt, Papa, ich will etwas mit dir unternehmen, habe ich zwei Möglichkeiten. Ich spiele husch-husch mit ihr, ständig mit dem Gefühl, eigentlich jetzt am Buch sitzen zu müssen. Damit entscheide ich mich für die Unruhe. Oder ich entscheide mich für die Möglichkeit, die mich in meiner Ruhe bleiben lässt, nämlich mit ihr zu spielen. Und mich dann mit dieser Ruhe wieder an mein Buch zu setzen.

Allein diese Entscheidung ist schwierig. Auch als Ruhe-Experte hat man kein heimliches Lager, wo man sich an päckchenweise gestapelten Ruhe-Rationen bedienen kann. Mir geht es da nicht anders als Ihnen. Und auch mir spuckt die kognitive Dissonanz in die Suppe.

Jede Wahl, die wir treffen, fußt auf Gedanken. Wir jonglieren dabei Wahrnehmungen und Meinungen, mit Ansichten und Einstellungen, mit Wünschen und Absichten, mit Prägungen und Erfahrungen, Vermutungen und Prognosen. Also mit der gesamten Palette dessen, was unser Hirn gespeichert hat und erstellen kann. Zu den Kognitionen kommen die Gefühle, die je nach stoischer Übung hitziger oder kühler bei der Wahl mitmischen.

Die kognitive Dissonanz entsteht, wenn zwei Kognitionen einander widersprechen oder ausschließen. Das berühmte Waschen, ohne nass zu werden.

Man will etwas und gleichzeitig etwas anderes, womöglich sogar das Gegenteil.

Ein unangenehmes Gefühl, das Sie vermutlich kennen. Je weiter die Dinge auseinander liegen, desto unangenehmer das Gefühl und desto schwieriger die Entscheidung. Hat jemand auf der einen Seite Lust, sich sexuell zu orientieren und allerlei auszuprobieren, klafft das extrem auseinander, wenn er sich auf der anderen Seite eine intakte Familie wünscht. Die Dinge passen einfach oft nicht zusammen. Die Gedanken mögen für ihn gleichermaßen stimmig sein, aber sie kontrastieren.

Nehmen wir ein Beispiel aus dem Businessbereich. Es geht um ein wichtiges Meeting, für das wir nicht gut genug vorbereitet sind, ich glaube, auch das ist allen auf die eine oder andere Art schon einmal passiert. Die allzu menschliche Strategie gegen die kognitive Dissonanz zwischen dem, was von uns erwartet wird, und dem, was wir vorzuweisen haben, ist dann oft, die Schuld bei anderen oder anderem zu suchen. Die Zeit war zu knapp oder ein Mitarbeiter hat die nötigen Unterlagen nicht rechtzeitig geliefert, bis zum Computer, der die Datei gefressen hat, und zum Welpen, der auf den Computer gepinkelt hat. Ich will nicht bezweifeln, dass Sie bessere Ideen hatten, als Sie in einer ähnlichen Situation waren. Jedenfalls wollen wir die Aufmerksamkeit unbedingt von uns auf etwas anderes lenken, um so blütenweiß wie möglich dazustehen. Im Sinne der inneren Ruhe wäre es besser, zu unserem Fehler zu stehen und um einen späteren Termin zu bitten, um die Lücken in der Vorbereitung füllen zu können.

Unbewusst drehen wir in solchen Fällen auch unsere Erwartungen von hoch auf niedrig, um das unangenehme Empfinden, das kognitive Dissonanzen auslöst, so gut es geht auszugleichen.

Niedrige Erwartungen können der inneren Ruhe überhaupt verblüffend guttun. Jetzt können Sie mich fragen, wie das mit dem heute so weit verbreiteten Lebensmotto *Visualisiere immer das beste Ergebnis* zusammenpasst. Wenig, da haben Sie recht. Aber ich bin auch kein Vertreter der Alles-ist-möglich-Gesellschaft, im Gegenteil, ich mache mich für Ihre innere Ruhe stark. Und da ist es manchmal richtiger, Erwartungen auf einem niedrigen Level zu halten. Sagen wir uns doch einfach einmal: Schauen wir doch, was passiert, und visualisieren gar nichts. Mitunter ist es wichtiger, auf uns und unsere Gemütsruhe zu achten. Mir hilft in solchen Momenten meistens die Frage: Welche Bedeutung habe ich in diesem Universum? Nicht, um mich klein zu machen. Sondern, um meine Gefühle auf stoische Art nicht eskalieren zu lassen.

Mitunter plagt uns auch das genau gegenteilige Phänomen, bei dem unsere Erwartungen extrem hochgeschraubt sind. Ich spreche vom sogenannten Impostor-Syndrom, vielleicht kennen Sie es auch als Hochstapler-Syndrom. Die Angst, als Hochstapler zu gelten, ist ein multipler Störenfried in der Burg der inneren Ruhe. Sie meldet sich, wenn es um die Frage geht, was andere über uns denken könnten und verführt uns zum Perfektionismus. Kurz: Sie ist ein überdimensionales Abbiegeschild am Weg zur inneren Ruhe. Wer von Impostor gequält wird, lebt in der unentwegten Furcht, dass die Unfähigkeit, die man bei sich konstatiert, entlarvt werden könnte.

Man könnte sich blamieren, blöd dastehen, nicht mehr gemocht, ausgeschlossen oder als Lügner bezichtigt zu werden. All das will man durch Überkompensation vermeiden. Man schraubt die Ansprüche deshalb in schwindelnde Höhen und stellt die unmöglichsten Erwartungen an sich selbst.

Vermeintliche Hochstapler geben alles, um nichts dafür zu bekommen.

Denn von dort oben kann sich die Spirale nur nach unten drehen, nicht selten direkt ins Burnout.

Diese Überkompensation gibt es schon in durchaus normalen Dosen in einer Zeit, in der wir möglichst rund um die Uhr erreichbar und stets in Hochform sein sollen. Auch da werden die Erwartungen, die wir an uns selbst stellen, höher und höher, weil wir andernfalls befürchten, ersetzt, versetzt oder wegrationalisiert zu werden. Dann heißt es nicht mehr Hochstapler-Syndrom, sondern schlicht Einsatz für den Job.

Eine Folge dieser Anforderungen ist übrigens die hedonistische Tretmühle. Der Begriff stammt aus der Glücksforschung und verhindert, dass wir uns dauerhaft an etwas erfreuen oder langfristig etwas genießen können. Wir wünschen uns etwas und arbeiten darauf hin, zum Beispiel ein kleines Haus, eine größere Couch, eine neue Liebe oder ein Lottosechser. Und dann bekommen wir es. Anfangs sind wir im Glück. Bald im Wohlbefinden. Dann zufrieden. Und auf einmal wieder dort, wo wir ohne das kleine Haus, die größere Couch, die neue Liebe oder den Lottosechser waren. Lottogewinner steigen besonders gerne in die Glücksfalle. Sehr viele sind den gesamten Betrag nach einem Jahr wieder los.

Auch das ist eine Entscheidung.

Vielleicht sogar eine für die innere Ruhe.

Ein Blick durch die Zinnen

Es ist Abend, die letzten Sonnenstrahlen tasten über die Landschaft unter Ihnen. Ein leichter Wind schiebt liebevoll die paar Wolken am Himmel näher zur Sonne, als brauchten sie ein bisschen Wärme. Sie selbst kennen das Gefühl des Fröstelns schon gar nicht mehr. Seit Sie in Ihre Burg eingezogen sind, ist es warm in Ihnen.

Sie beobachten ein paar Rehe, die unten am Waldrand äsen. Ein Mäusebussard segelt über Ihnen, lautlos. Die Stille, die über dem Abend liegt, geht allein von Ihnen aus. So spüren Sie es.

Und Sie haben recht. Die Stille hat hier ihren Ursprung, hier, wo Sie stehen und zwischen den Zinnen Ihrer inneren Burg über die Landschaft hinwegschauen. Weit hinten sind bunte Pünktchen zu erkennen, Autos auf der Straße, die sich parallel zum Horizont bewegen. Sie machen den üblichen Lärm, aber er dringt nicht bis zu Ihnen durch.

In so einem Auto bin ich auch vor kurzem noch gesessen, denken Sie und ein leichtes Lächeln spielt mit Ihren Lippen. Unten, vor der Burg, steht es noch, ab und zu fahren Sie sogar damit, zurück in Ihr altes Leben. Es ist nicht so, dass Sie dort nicht mehr hingehören, aber Sie kommen gern wieder hierher in Ihre Burg.

Sie legen eine Hand auf die Zinne rechts von Ihnen.

Der glatte Stein ist warm, wie alles hier. Sie fühlen die winzigen Risse, die die Witterung in den Stein gezeichnet hat. Ganz langsam folgen Sie mit Ihrem Zeigefinger einer Linie. An einer Stelle wird sie etwas breiter, Ihr Finger ruht sich in der Vertiefung aus.

Sie atmen tief ein. Die Abendluft ist angereichert mit dem Duft der Kletterrosen, die an der Burgmauer hinaufwachsen. Bei Ihren ersten Besuchen haben Sie sie glatt übersehen, jetzt können Sie ihren Duft von jenem der Zwergrosen unterscheiden, die ihren Weg überraschend durch die Ritzen am Boden der Burgterrasse gefunden haben. Genau wie ich, denken Sie, auch ich habe den Weg hierher gefunden, so zugewachsen er auch war.

Die Rehe blicken auf. Sie beobachten von Ihrem Ausguck den Waldrand, neugierig, was die Rehe interessiert hat. Aber nichts bewegt sich, vielleicht war es eine Maus, die nach dem Bussard geschaut hat. Früher hätten Sie sich längst abgewandt, zwei Rehe, ein paar bunte Punkte, ein Vogel. Nichts los, hätten Sie gedacht und überlegt, was Sie noch zu tun hätten. Jetzt wissen Sie, was zu tun ist.

Nichts.

Eine Stunde stehen Sie jetzt da. Die Zeit ist Ihnen nicht bewusst. Nur die Farben des Abendhimmels zeigen, dass sie vergeht. Sie sehen sich das Naturschauspiel zu Ende an. Saugen noch einmal die nun dunklere Luft ein. Früher ein Zeichen für Aufbruch, die Nacht war Ihr Freund, sie versteckte die Ängste vor Ihnen. Sie spüren den Atem durch die Kehle ziehen. Früher wussten Sie nicht einmal, dass man ihn dort fühlen kann.

Die ersten Fledermäuse beginnen mit ihren windschnellen Fahrten durchs Dunkel. Es ist Zeit. Sie haben ein Rendezvous mit der Langeweile, vielleicht mit dem Buch, das Sie gestern wieder einmal von vorne begonnen haben. *Die Zerstörung des Hier und Jetzt.*

Damals ist es Ihnen vielleicht einfach so in die Hände gefallen.

Heute entscheiden Sie sich bewusst dafür.

Und lesen es erneut.

Um sich einmal mehr für die innere Ruhe zu entscheiden.

ANDREAS SALCHER
DIE GROSSE ERSCHÖPFUNG
UND DIE QUELLEN DER KRAFT
edition a

Andreas Salcher,
Die große Erschöpfung

Die große Erschöpfung ist ein Phänomen unserer Zeit. Das spüren inzwischen auch viele, die sich bisher als immun dagegen empfunden haben und ihren Alltagesstress gut bewältigen konnten. Andreas Salcher entlarvt falsche Mythen, benennt Ursachen und zeigt anhand der faszinierenden Erkenntnisse des Sinnsuchers Viktor Frankl, des Glücksforschers Mihaly Csikszentmihalyi und des Benediktinermönchs David Steindl-Rast konkrete Zugänge zu den eigenen Quellen der Kraft.

240 Seiten, 25€
ISBN: 978-3-99001-628-2